누군가에게 희망의 등불을 전달하는
여섯 사람의 이야기

나는
보험인
이다

정리

구완회 잡지 기자를 거쳐 출판사 편집장으로 일했다. 지금은 여행과 역사 책을 집필하는 프리랜서 작가로 일하고 있다.

나는 보험인이다

누군가에게 희망의 등불을 전달하는 여섯 사람의 이야기

초판 1쇄 펴냄 2023년 1월 5일

지 은 이	송준호, 신병문, 남택함, 김소은, 이세혁, 이종현
펴 낸 이	최나미
편 집	김동욱
디 자 인	강지연
경영지원	고민정

펴 낸 곳	한월북스
출판등록	2017년 7월 13일 제 2017-000007호
주 소	서울특별시 강남구 광평로 56길 10, 광인빌딩 4층 (수서동)
전 화	070-7643-0012
팩 스	0504-324-7100
이 메 일	hanwallbooks@naver.com
I S B N	979-11-972081-8-8

누군가에게 희망의 등불을 전달하는
여섯 사람의 이야기

나는
보험인
이다

송준호, 신병문, 남택함, 김소은, 이세혁, 이종현 **지음**

Prologue

보험도 게임도
대한민국 챔피언
송준호

30

보기만 해도 힘이 나는 '엄마' 고객들
신병문
74

Contents

패션모델 출신 보험 영업인의 인생 무한도전
남택함
112

경력 단절 전업주부의
보험 영업 분투기
김소은
146

평범하지만 성실하게,
고객의 든든한 버팀목 되기

이세혁

182

'때 이른 성공'이라는
롤러코스터에서 살아남기

이종현

214

Prologue

내가 만난 보험,

보험인

송준호 본부장

평생을
함께하는

든든한
친구

여러분은 '보험' 하면 무엇이 떠오르나요? TV를 틀기만 하면 나오는 보험 광고? 다달이 통장에서 빠져나가는 보험금? 어릴 적 집으로 찾아오던 '보험 아줌마'나, 성인이 된 후 지인 소개로 만나게 된 보험 설계사가 떠오를 수도 있겠죠. "예고 없이 찾아오는 위험에 대비하기 위한 금융 상품"이라는 사전적 의미를 떠올리시는 분도 있을 겁니다. 혹시 '내 삶을 지켜 주는 든든한 동반자'라고 생각하는 분이 있다면 보험 영업을 하는 입장에서 고맙다는 말씀을 드리고 싶네요. 저희는 보험을 통해 고객님들과 평생을 함께하는 든든한 친구가 되려고 오늘도 열심히 뛰고 있으니까요.

국민 모두가 한두 개 이상의 보험에 가입한 시대입니다. 국민건강보험처럼 전 국민이 가입한 보험도 있고, 자동차보험처럼 차량 소유자라면 의무적으로 가입해야 하는 보험도 있죠. 또 암보험이나 생명보험, 실손보험처럼 의무는 아니지만 성인 대다수가 가입한 보험도 있습니다. 이렇게 누구나 보험에 가입하는 시대가 되었지만, 보험의 이미지가 그리 좋지 않은 것도 사실입니다. 보험이나 보험 설계사에 편견을 가진 분도 심심치 않게 볼 수 있죠.

"보험사는 평소에 보험료를 꼬박꼬박 받아 가지만, 정작 일이 생겼을 때는 이 핑계 저 핑계를 대며 보험금 지급을 피하려고 한다."라거나, "보험 설계사는 온갖 감언이설로 보험에 가입하게 하고 그 뒤부터는 나 몰라라 한다."라고 하는 분도 있습니다. 심지어 "보험 설계사는 나한테 별로 필요하지도 않은 보험을 권하는 경우가 많으니 당하지(?) 않으려면 정신을 바짝 차려야 한다."라고 말씀하시는 분도 봤습니다. 사실 저희도 별반 다르지 않았습니다. 보험 업계에 발을 들여놓기 전에는 보통 사람들이 갖고 있는 편견을 저희도 가지고 있었다는 말씀입니다. 게다가 영업에 대한 편견과 두려움도 있었어요.

그래서 보험 일을 시작하기 전까지 고민에 고민을 거듭하고, 반대하는 가족이나 배우자를 설득하기 위해서 "딱 1년만 열심히 해 볼게."라는 단서를 달기도 했습니다. 우리 중에는 보험 영업을 하겠다는 배우자에게 이혼을 들먹일 정도로 강하게 반대하던 사람도 있어요. 하지만 보험 영업을 시작한 배우자를 보면서 보험에 대한 편견을 바꾸었고, 나중에는 자신도 보험 설계사가 되어 고객님들의 든든한 평생 친구가 되고자 노력하고 있답니다.

이렇게 보험에 대한 막연한 생각이나 편견이 막상 보험 일을 시작하고 바뀌게 된 경우가 많습니다. 저도 예외가 아닙니다. 그래도 어머님이 보험 설계사로 일하신 덕분에 남들보다 보험에 관해 잘 알고 있다고 생각했지만, 실제로 일하면서 부딪치게 된 보험의 세계는 전혀 달랐죠. 보험이 왜 필요한지 깨닫는 과정도 그랬습니다.

나는 보험인이다

영업 첫날 깨달은 보험의 가치

지금부터 약 20년 전, 제가 보험 일을 처음 시작했을 때의 일입니다. 한 달간의 교육을 마치고 처음 영업을 나간 날이었어요. 대부분 보험 설계사들이 그렇듯, 저도 영업 첫날 아는 친구를 찾아갔죠. 사실 당시에는 찾아갈 친구도 많지 않았습니다. 교육 기간 중 작성한 가망 고객 명단은 30여 명에 불과했거든요. 대학 초반에는 그런대로 친구들과 잘 어울렸지만, 제대 후에는 피시방에 틀어박혀 게임만 했던 탓이었어요. 그 무렵에는 친구들이 불러도 일이 있다며 잘 나가지 않았습니다. 결국 활발하던 성격도 내성적으로 변하게 되었죠.

그래도 첫날은 찾아갈 친구들이 제법 있었습니다. 그중 몇 명을 만났는데 오랜만에 얼굴을 보니 반가워는 했지만, 보험 이야기에는 모두 절레절레 고개를 흔들었어요. 그럴 만도 했죠. 제 친구들은 모두 갓 서른을 넘긴 총각들이었으니까요. 그때만 해도 몸은 건강했고 장기적인 인생 계획 따위는 없었습니다. 보험 들 돈이 있으면 술이나 한잔 더 하겠다는 친구도 있었어요. 교육 때 들었던 이야기(인생이란 누구도 앞일을 장담할 수 없기에 위험을 대비한 보험은 반드시 있어야 한다)를 암만 해 봐야 소용이 없었어요. 하긴 그 심정이 이해가 가기도 했습니다. 저도 보험사에 들어와 교육을 받기 전까지는 보험을 꼭 들어야 한다고 생각해 본 적이 없었으니까요.

별 소득 없이 첫날을 보내고 다음 상담을 잡기 위해 친구들에게 전화를 돌리다 깜짝 놀랄 만한 소식을 들었습니다. 제가 영업을 시작한 날, 한 친구가 사고를 당해 손가락이 잘렸다는 것이었어요. 그 친구도 제 가망 고객 명단에 있었습니다. 정신이 번쩍 들었죠. 만약 내가 영업 첫날 사고를 당한 친구를 찾아갔다면 어땠을까? 나를 만나서 보험 이야기를 들었다면 평소보다 더 조심해서 사고를 피할 수도 있지 않았을까? 그게 아니라도 오랜만에 찾아온 친구를 도와준다고 보험을 들었다면 치료비와 보상금을 받을 수도 있었을 텐데….

여기까지 생각이 미치자 내가 좀 더 일찍 찾아가지 않은 것이 미안했습니다. 더불어 '교육 시간에 들은 이야기가 맞구나, 보험은 진짜 누구나 필요한 것이구나' 하는 생각이 절로 들었어요. 저는 이일을 통해 보험의 가치를 절실히 깨달을 수 있었습니다. 쉽지 않은 보험 영업을 계속할 힘을 얻은 건 덤이었고요.

존경하는 선배의 사망보험금이 준 교훈

그리고 몇 년 후, 다시 한번 보험의 가치를 깨닫는 경험을 했습니다. 시작은 존경하는 선배를 제 고객으로 모신 일이었어요. 보험 영업을 하기 전에 다녔던 직장에서 만난 분이었는데, 업무에서도 인생에서도 선배로 모시고 배울 만한 분이었습니다. 보험 일을 시작하고 얼마 지나지 않아 찾아뵈었는데 자신은 이미 들어 놓은 보험이 많아서 새로운 보험 가입은 어렵다고 하셨어요. 그래도 가끔 얼굴도 뵐 겸 꾸준히 방문하면서 공을 들였습니다.

그렇게 5년쯤 되었을 때 그동안의 정성이 통했는지 선배가 보험 계약을 하겠다고 말씀하셨어요. 다만 다른 보험이 많으니 납입금이 가장 적은 것으로 하고 싶다고 덧붙였습니다. 그래서 월 납입금 2만 5천 원짜리 정기보험을 계약하게 되었습니다. 금액을 떠나서 정말 좋아하고 존경하는 선배를 고객 리스트에 올리게 되어 감격했죠. 그것도 보험 이야기를 꺼낸 지 5년 만에 말이에요.

그런데 시간이 좀 흐른 뒤에 형수님에게서 전화가 왔습니다. 그 선배가 돌아가셨다는 소식이었어요. 사인은 과도한 업무 스트레스로 인한 급성 심근 경색이었습니다. 출근길 지하철에서 쓰러져 병원으로 옮겨졌으나 끝내 회복되지 못한 겁니다. 너무나 갑작스러운 소식에 부랴부랴 장례식장으로 달려가서 3일 동안 빈소를 지켰습니다. 거기서 형수님과 이런저런 이야기를 나누다가 알게 되었어요. 선배님이 보험을 많이 들었다는 건 거짓말이었고, 저랑 계약한 정기보험이 유일한 것이었다는 사실을요. 2만 5천 원짜리 정기보험의 사망보험금은 5천만 원이었습니다. 보험료에 비하면 커 보였지만, 형수님과 아이 둘이 살아가기에는 결코 충분치 않은 금액이었죠. 남겨진 형수님과 아이들을 보니 제 마음이 아팠습니다.

이 일을 통해 보험의 가치를 다시 한번 뼈저리게 느낄 수 있었습니다. 더불어 제가 하는 일의 중요성도 새삼 깨닫게 되었죠. 이건 아마도 대다수 보험 설계사가 공통으로 경험하는 일일 겁니다. 그래서 많은 보험 설계사가 고객과 상담할 때 사망보험금의 중요성을 강조합니다. 물론 처음 보는 고객에게 사망보험금 이야기를 꺼내기가 쉬운 일은 아닙니다. '혹시 나를 겁줘서 보험을 들게 하려는 것 아닌가?' 하는 오해를 받을 수도 있으니까요. 본인의 사망보험금을 입에 올리는 것 자체를 껄끄럽게 생각하는 고객도 있습니다. 여기에 평소 가지고 있던 보험 설계사에 대한 편견까지 작용하면 자연스럽게 오해가 생기기도 하죠. 그만큼 보험 설계사에 대한 편견과 오해가 우리 사회에 뿌리 깊게 퍼져 있기 때문이에요.

보험 설계사에 대한 오해와 진실

보험 설계사에 대한 대표적인 편견과 오해는 '고객이 아니라 자신의 이익을 위해 보험 상품을 권한다'는 것과 '일단 계약하고 나면 나 몰라라 한다'는 것입니다. 아쉽게도 이건 편견이나 오해만은 아닙니다. 보험 영업 현장에서 실제 벌어지는 일이기도 하니까요. 하지만 이건 아주 일부에 지나지 않으며 시간이 지날수록 더욱 줄어든다는 점은 확실히 말씀드릴 수 있습니다. 이유는 간단합니다.

나는 보험인이다

이런 식으로 일해서는 보험업계에서 살아남을 수 없기 때문이에요. 한마디로 지속 가능한 영업 방식이 아니란 이야기죠.

스마트폰도 인터넷도 없던 시절에는 혹시 가능했을지도 모르겠습니다. 그때는 고객이 복잡한 보험 상품을 제대로 알기 어려웠으니까요. 하지만 지금은 거의 모든 정보가 투명하게 공개되는 시대입니다. 클릭 몇 번이면 자신이 가입한 보험 상품을 분석해 주는 애플리케이션만 해도 여럿이죠. 이런 상황에서 고객보다 보험 설계사 자신의 이익을 추구하는 영업 방식은 지속될 수가 없습니다. 고객들이 금방 알아차리고 떠나기 때문입니다. 사실 이건 너무나 당연해서 강조할 필요도 없을 정도예요. 사람은 타인의 진정성을 귀신같이 알아차립니다. 잠깐은 헷갈릴 수 있지만, 거짓은 결코 오래가지 못하죠. 우리가 진심으로 영업을 할 수밖에 없는 이유입니다.

일단 계약한 후에 나 몰라라 하는 것도 마찬가지입니다. 이래서는 보험 영업을 오래 할 수가 없죠. 기존 고객을 꾸준히 철저하게 관리하는 것이 모든 보험 설계사가 인정하는 롱런의 비결이에요. 그래야 보험 유지율이 높아지고 지속적인 소개가 이루어질 수 있으니까요. 그뿐만 아니라 기존 고객이 보험금을 높이거나, 새로운 보험에 추가로 가입하는 일도 가능합니다. 이건 제 경험이자 함께 일하는 동료들의 경험이기도 합니다. 특히 영업 성과가 어느 정도 이상인 동료들은 대부분 새로운 고객 찾기보다 기존 고객 관리에 더 큰 에너지를 씁니다. 그래야 지속적인 성장이 가능하기 때문입니다.

보험 설계사는 고객과 함께 성장할 때 진정으로 기쁘고 즐겁습니다. 이건 보험 설계사라는 직업이 가진 또 다른 매력이죠. 평사원 때 인연을 맺은 고객이 대리, 차장, 부장 등으로 승진해 가는 것, 경제적으로 어려웠던 고객이 점차 여유를 찾아 가는 것, 무엇보다 고객이 하루하루 더 행복해져 가는 모습을 보면서 저희도 행복해집니다. 덕분에 저희도 계속 성장할 수 있는 힘을 얻는답니다.

능력보다 노력, 개인기보다 팀워크

보험 설계사에 대한 또 하나의 편견은 '극소수의 능력 있는 보험 설계사만이 성공해서 고액 연봉을 올린다'는 것입니다. 이는 '보험업계는 적자생존의 치열한 경쟁이 펼쳐지는 정글 같은 곳'이란 선입견으로 이어집니다. 얼핏 보면 당연한 말 같지만, 실제로는 조금 다릅니다. 그리고 이 '조금'이 현실에선 꽤나 큰 차이를 낳습니다.

제가 본부장으로 있는 메트라이프 서울3본부의 예를 들어 보겠습니다. 저희 본부에는 2022년 9월 기준으로 330명의 보험 설계사(FSR*)

---

*   FSR(Financial Service Representative): 보험 영역을 넘어 고객에게 최적의 금융 솔루션을 제공하는 MetLife 전문가. '보험 설계사'라는 기존 명칭을 보험사에 따라 FSR, LP(Life Planner), FC(Financial Consultant), LC(Life Consultant) 등으로 특색 있게 부르고 있다.

나는 보험인이다

가 있는데, 이 중 MDRT**가 52명, COT**가 14명, TOT**가 5명입니다. 저희 본부 FSR은 다섯 명 중 한 명 이상이 1억 이상의 고액 연봉자라는 말이죠. 물론 저희 본부가 메트라이프 내에서도 성과가 높은 편이긴 합니다만(작년 사내 시상식에서 챔피언 1명을 포함해 모두 61명의 수상자 배출), 조직원의 약 22%가 연봉 1억 이상이란 사실은 '보험 설계사 중 극소수만이 성공해서 고액 연봉을 올린다'는 편견을 깨기에 충분해 보입니다.

또 하나 중요한 점은 저희 본부에서 뛰어난 성과를 보이는 FSR 중 흔히 말하는 '스펙'이나 '영업 능력'을 갖추고 일을 시작한 경우가 드물다는 사실입니다. 나름의 성과를 인정받아 본부장을 맡고 있는 저부터 그랬습니다. 저는 2002년에 입사했는데 동기들 중에서 스펙이 가장 안 좋았어요. 초창기엔 영업 실적도 안 좋았죠. 제가 가물에 콩 나듯이 계약을 해 가면 당시 저희 지점장님이 "어느 눈먼 고객이 너한테 계약을 다 했냐?"라고 비아냥거릴 정도였으니까요. 저는 내성적인 성격에 말주변도 없었습니다. 저를 아는 친구들은 "준호가 보험사에서 3개월 이상 버티면 내 손에 장을 지진다."라고 말할 정도였어요.

**   MDRT(Million Dollar Round Table)는 1927년 미국 테네시주 멤피스에서 시작한 고소득 보험 설계사들의 단체다. 현재는 전 세계 70여 개국에서 500개 이상의 보험사가 속해 있다. 협회 회원은 실적에 따라 MDRT, COT(Court Of the Table), TOT(Top Of the Table) 등으로 나뉘는데, 연간 총수입을 기준으로 MDRT는 약 1억 원 이상, COT는 약 3억 원 이상, TOT는 약 6억 원 이상의 실적을 달성해야 신청 자격이 주어진다(정확한 기준 금액은 해마다 조금씩 달라짐).

제가 딱 하나 잘한 것은 노력이었습니다. 또한 저보다 잘하는 사람이 있으면 무조건 따라 했죠. 이렇게 열심히 하니까 선배들이 귀여워해 주면서 노하우를 아낌없이 전수해 주었습니다. 물론 그걸 다 제 것으로 만든 건 아니에요. 그래도 할 수 있는 건 최대한 따라 하면서 조금씩 성장해 나갔습니다. 제 주변을 봐도 그렇습니다. 뛰어난 스펙을 갖추고 처음부터 남다른 능력을 보여 준 사람은 오히려 오래가지 못하는 경우가 많았어요. 그보다는 끊임없이 노력하고 다른 사람의 장점을 잘 받아들이는 사람이 대부분 성공했습니다.

이런 사람은 팀워크에도 도움이 됩니다. 다른 사람에게 열린 마음을 가지고 있기 때문이에요. 이렇게 좋은 팀 분위기가 형성될 때만 개인의 성과도 의미가 있습니다. 동료를 이겨야 하는 경쟁자로만 생각하는 조직에서 일할 맛이 날까요? 동료들이 모두 죽을 쑤고 있는데, 자기 혼자만 잘나가면 과연 행복할까요? 아무리 뛰어난 개인이라도 이런 조직에서 계속 성장할 수 있을지 의문입니다. 그래서 저는 신입 사원 면접에서 학벌이나 스펙 대신 열정과 수용성을 봅니다. 동료를 아끼고 존중하는 태도 또한 필수죠. 자신이 먼저 주인 의식을 가지고 솔선수범하는 것도 중요합니다. 이런 사람들이 모인 조직이어야 서로에게 힘을 얻고 일할 맛이 나기 때문입니다.

나는 보험인이다

일할 맛 나는 조직 문화 만들기

보험 영업은 쉽지 않은 일입니다. 고객에게 거절당하는 일이 다반사죠. 여러 가지로 스트레스를 받는 일도 많습니다. 밖에서 일하면서 에너지를 제대로 쓰려면 안에서 충전할 수 있어야 합니다. 밖에서 받은 스트레스를 안에서 풀 수 있어야 하고요. 그러니 동료는 가족보다 더 가깝고 힘이 되는 존재여야 하고, 사무실은 힘들 때 들어오고 싶은 곳이어야 합니다. 그러기 위해서는 서로를 아끼고 존중하는 문화가 필수죠. 그게 본부장이든 지점장이든 팀원이든 말이에요. 이건 우리 본부의 문화 중 제가 가장 강조하는 부분입니다. 저부터 이런 문화를 지키기 위해 노력하고 있어요.

저는 지금도 회의 시간이 되면 제가 커피를 챙겨서 동료들 자리에 놓습니다. 의자도 앉기 편하도록 조금 빼 놓고요. 사내 교육이 있을 때면 제일 앞자리에 앉아 한 마디도 놓치지 않고 들으며 중요한 내용을 노트에 적습니다. 강사가 저보다 훨씬 후배라도 예외가 없죠. 팀원들과 업무 이야기를 할 때도 늘 노트를 펴 놓고 대화 내용을 적습니다. 이러면 정리가 되고 기억에 잘 남아서 좋기도 하지만, 노트를 사용하는 또 다른 이유가 있습니다. 상대방을 아끼고 존중한다는 걸 표현하기 위해서예요. 커피를 챙기고 의자를 빼 놓는 이유도 마찬가지입니다.

이건 결국 저를 위한 행동이기도 합니다. 제가 먼저 아끼고 존중하면 상대방도 저를 존중하고 아껴 주거든요. 덕분에 저는 행복을 느끼게 되죠. 이렇게 동료들이 서로를 아끼고 존중하면 모두가 행복해집니다. 이런 조직이라면 정말 일할 맛이 나지 않겠어요? 바깥일이 늦게 끝나도 사무실에 들어오고 싶어질 겁니다.

　지위에 상관없이 상대방을 존중하는 습관이 몸에 배면 인간관계가 편해집니다. 상대방에 따라 행동이 달라질 필요가 없으니 불필요한 에너지 소모도 줄어들죠. 이건 영업에도 도움이 됩니다. 이런 태도가 몸에 배면 보험금 크기에 상관없이 모든 고객을 존중하게 되거든요. 모든 고객의 시간을 소중하게 생각하고 최선을 다해 상담을 준비하게 되죠. 그러면 고객들도 저와 제 시간을 존중해 줍니다. 결과적으로 영업이 한결 편해질 뿐 아니라 성과도 오릅니다.

　더 좋은 조직을 만들기 위해서는 서로를 아끼고 존중하는 태도 말고도 몇 가지가 더 필요합니다. 무엇보다 서로를 신뢰해야 합니다. 그래야 자신의 단점을 숨김없이 드러낼 수 있고, 상대에게 애정 어린 조언을 해 줄 수도 있거든요. 남의 조언을 오해 없이 받아들일 수도 있고요. 이러면 서로의 노하우를 아낌없이 나누고 부담 없이 받아들이는 문화가 형성됩니다. 제가 처음 입사했던 팀의 분위기가 딱 그랬습니다. 거기서 선배들의 아낌없는 지원을 받은 덕분에 여기까지 올 수 있었죠.

　좋은 조직이라면 동료를 자랑스럽게 느낄 수 있어야 합니다. 뛰어난 성과를 달성해 시상대에 오른 동료에게 진심으로 박수를 보낼 수 있어야 하죠. 그러기 위해서는 조직원들이 같은 곳을 바라보고 같은 꿈을 이루어 가야 합니다. 그래야 개인의 열정이 팀 전체의 열정으로 모아질 수 있거든요.

동료들이 서로를 믿고 존중하며 자랑스러워하는 조직. 그리하여 같은 꿈과 목표를 향해 서로를 격려하며 나아가는 조직. 우리 본부가 지금까지 지키고자 노력해 온 모습입니다. 덕분에 지난 10년 동안 최고의 실적을 올렸고 누구나 오고 싶어 하는 본부가 되었다고 자부합니다.

행복해야 영업도 잘할 수 있다

이런 조직 문화를 만들고 유지하기 위해 리쿠르팅에도 신중을 기합니다. 제가 본부장 최종 면접에서 자기소개, 지원 동기와 함께 꼭 묻는 질문 두 가지가 있습니다. 하나는 "자신의 삶을 변화시키기 위해서 당신은 어떤 노력을 한 경험이 있습니까?"이고, 다른 하나는 "당신만의 '행복 포인트'는 무엇입니까?"입니다.

첫 번째는 앞서 말한 노력과 수용성을 알아보기 위한 질문입니다. 우리 본부에는 자신의 삶을 변화시키기 위해 남다른 노력을 해 본 사람, 그 과정에서 다른 사람의 조언이나 제안, 노하우를 받아들여 본 경험이 있는 사람이 필요하기 때문입니다. 만약 이런 경험이 별로 없다면 앞으로 변화를 위해 혼신의 노력을 다하고 타인의 장점과 조언을 받아들이겠다는 각오와 열정을 보여야 합니다.

두 번째 질문은 평가를 위한 것이 아닙니다. 그보다는 지원자가 자신을 돌아보고, 스스로를 배려할 기회를 주기 위한 질문입니다. 저는 보험 영업인이 갖춰야 할 가장 중요한 덕목이 스스로를 믿고 아끼고 사랑하는 자세라고 생각합니다. 그래야 동료와 고객을 믿고 아끼고 사랑할 수 있으며, 지치고 힘들어도 일을 계속해 나갈 힘을 낼 수 있습니다. 그러니 보험 영업을 오래 하기 위해서는 자신의 행복 포인트를 아는 것이 중요합니다. 행복 포인트는 사람마다 다릅니다. 여행일 수도 있고, 운동일 수도 있으며, 아무것도 안 하고 집에서 빈둥거리는 것일 수도 있습니다.

저의 행복 포인트는 게임이었습니다. 대학 때 피시방에서 살다시피 한 것도 게임을 하면 행복하기 때문이었어요. 물론 영업을 시작하고 처음 2년 동안은 게임을 할 여유가 없었지만, 3년 차부터는 일하면서 틈틈이 게임도 즐겼습니다. 덕분에 행복했고, 다시 일에 몰두할 수 있는 힘을 얻었죠.

저는 입사 지원자에게 성공을 약속하는 대신 함께 행복하게 일하자고 제안합니다. 그럴 때 성공은 따라오게 마련입니다. 또한 그럴 때만 성공이 의미가 있다고 생각합니다. 아무리 남들 눈에 성공한 사람처럼 보여도 스스로 불행하다면 의미가 없으니까요.

6인 6색 보험 영업인 이야기

지금까지 제가 만난 보험과 보험인에 관해 말씀드렸습니다. 보험에 대한 편견, 보험 설계사에 대한 오해와 진실도 살펴보았죠. 지금부터는 저를 포함한 메트라이프 서울3본부 보험 영업인들의 이야기를 들려드리려고 합니다. 저마다 다른 사연을 갖고 보험 일을 시작한 FSR 6인의 이야기입니다.

저희는 보험 영업을 시작한 시기도 계기도 모두 다릅니다. 고등학교를 졸업하고 바로 보험 영업을 시작한 사람도 있고, 여러 직업과 사업까지 두루 경험한 뒤에 보험업계에 뛰어든 사람도 있죠. 잘나가는 커리어 우먼으로 일하다 결혼과 출산 때문에 경력 단절을 겪고 나서 보험 일을 시작한 사람도 있어요. 처음부터 뛰어난 성과를 낸 사람도 있지만, 부진한 시기를 거쳐 뒤늦게 빛을 발하게 된 사람도 있습니다.

저희 이야기는 특별한 성공 스토리가 아닙니다. 그보다 보험 영업이라는 미지의 세계에 들어와서 온갖 우여곡절을 겪으며 조금씩 앞으로 나아가는 성장 스토리에 가깝습니다. 조금 자랑스러운 이야기도, 자려고 누웠다가 이불을 걷어찰 만큼 부끄러운 이야기도 솔직하게 담았습니다. 보험업계에 뛰어들고, 좌충우돌 헤매고, 나름의 성과로 박수를 받고, 위기와 슬럼프를 겪은 이야기도 있습니다. 소주병을 들고 바다에 뛰어든 이야기, 만삭의 배를 부여안고

여섯 시간 동안 박수만 친 이야기, 계약하러 갔다가 하루 종일 모내기를 한 이야기도 있죠. 힘들고 즐겁고 웃기고 눈물 나는 이야기를 통해 보험과 보험인의 진솔한 모습을 나누고 싶습니다.

저희 이야기가 오늘도 하루를 열심히 살아가는 모든 분에게 위안과 희망의 메시지가 되었으면 합니다. 보험 영업에 관심이 있는 분들에게는 열심히 뛰어온 선배들의 경험을 미리 볼 수 있는 기회가 되길 바랍니다. 이미 보험업계에서 일하는 분이라면 위로와 공감을 느꼈으면 좋겠습니다.

저자들을 대표해서
메트라이프 서울3본부장 송준호

나는 보험인이다

01

보험도
게임도

송준호 본부장

대한민국
챔피언

대기업 2년 차에 직장을 그만두고 보험 일을 시작했다. 취미를 묻는 본부장님 질문에 '컴퓨터 게임'이라고 대답했다가 '넌 절대 성공할 수 없을 것'이란 이야기를 들었다. 입사 초기 지점 내 꼴등을 도맡다시피 하다가 우연찮게(?) 자살 시도까지 이르렀으나, 심기일전해 MDRT를 시작으로 COT, TOT까지 오른 후 마침내 대한민국에서 두 번째로 종신 TOT*를 달성했다. 의사, 변호사 등 전문가 그룹뿐 아니라 이효리, 보아, 조재진, 박용택 등 연예인과 스포츠 스타들의 자산도 관리하고 있다. 여전히 취미로 즐기는 게임에서도 국내 챔피언을 기록 중이다.

---

* MDRT 협회는 MDRT, COT, TOT 등 실적에 따른 회원 자격을 10회 이상 달성하면 종신회원(Life Member) 자격을 부여한다. 2022년 현재 대한민국에서 종신 TOT는 2명에 불과하다.

이른 봄, 바닷바람은 여전히 매서웠다. 바다에는 육지보다 겨울이 오래 머문다고 했던가. 찬바람 부는 바다를 보고 있는 내 마음도 겨울이었다. 이제 겨우 입사 6개월 차, 하지만 족히 6년은 다닌 것 같다. 입사 직후 3개월은 회사에서, 나머지 3개월은 고시원에서 쪽잠을 자며 일에만 매달렸으니 그리 느껴질 만도 했다. 그렇게 6개월을 보내고, 나는 대천 해수욕장 모래밭에 소주병과 새우깡을 놓고 앉았다.

　　도대체 뭐가 문제였을까? 솔직히 잘 모르겠다. 나름 잘나가는 대기업을 그만두고 보험업계에 들어와 정말 최선을 다했다. 더 이상 열심히 할 수 없을 정도로. 고등학교 때 이렇게 공부했다면 서울대가 아니라 하버드에 갔을 것이고, 대학 때 그랬다면 공무원 시험이 아니라 사법 고시에 합격했을 것이다. 하지만 지난 6개월간의 전력투구 끝에 남은 것이라곤 '지점 내 꼴찌'라는 초라한 성적표뿐이었다.

　　세상이 이래도 되는 건가? 나를 보험업계로 이끈 선배들, 아들의 보험업계 이직을 순순히 허락해 주신 부모님까지 원망스러웠다. 소주를 한 모금 들이켜고 새우깡을 하나 입에 넣었다. 얼마 마시지도 않았는데 벌써 취기가 오른다. 평소 잘 마시지 않던 술을 병째 들이붓고 있는 탓이다. 취기와 함께 설움까지 북받쳐 올랐다. 나도 모르게 바다로 걸어 들어가기 시작했다. 소주병을 들고 구두를 신은 채 들어가는 바다는 어딘가 모르게 비현실적이었다. 언젠가 영화에서 본 장면 같았다. 내가 영화 속 인물이 된 듯했다.

하지만 이런 비몽사몽은 오래가지 않았다. 바닷물이 허리를 넘어 목 근처까지 이르자 정신이 번쩍 들었다. '맞아, 난 자살할 생각이 전혀 없었지!' 소주에 새우깡을 들고 대천 해수욕장을 찾은 것도 그저 울적한 마음을 달래고 싶었을 뿐이었다. 그렇게 새우깡과 함께 좌절과 고독을 씹다가 나도 모르는 사이에 영화 속 주인공이라도 된 듯 바다에 뛰어든 것이다. 일단 현실로 돌아오자 소주병을 팽개치고 허우적거리며 바다를 빠져나왔다. 누가 보든 말든 온몸에서 물을 뚝뚝 흘리며 모래사장에 철퍼덕 주저앉아 가쁜 숨을 몰아쉬었다.

'아, 살았다. 괜히 평소에 안 하던 짓 하다 진짜 죽을 뻔했네.' 몸을 대충 털고 차에 올라탔다. 우선 히터를 틀고 몸을 말렸다. 긴장이 풀리면서 몸이 따뜻해지니 사르르 잠이 왔다. 한숨 늘어지게 자고 서울로 올라온 다음 날 아침, 아무 일도 없었다는 듯이 회사로 출근했다. 살아 있다는 사실이 너무나 행복해서 다시 한번 6개월의 지옥 행군도 견딜 수 있을 것만 같았다.

대입 삼수에 편입 두 번, 파란만장 학창 시절

사실 충동적인 자살 소동(?)은 고등학교 때도 있었다. 원인은 성적이었다. 중학교 때까지만 해도 1, 2등을 다투던 성적은 고등학교 입학과 함께 곤두박질치기 시작했다. 운동과 친구, 연애에 빠진 탓이었다. 공부보다 친구들과 어울려 농구하는 것이 좋고, 여자 친구를 만나는 것이 즐거웠다. 외향적인 성격 덕분에 청소년 단체 등 대외 활동에도 적극 참여했다. 어느새 난 동네를 넘어 지역의 유명 인사가 되었다. 내가 살던 대전에서 날 모르는 애들이 없을 정도였다. 중학교 시절에도 공부보다는 다른 일에 더 열정을 쏟았지만, 그래도 벼락치기로 어느 정도 성적을 유지할 수 있었다. 하지만 고등학교에 올라가자 더 이상 요령이 통하지 않았다. 한번 떨어지기 시작한 성적은 계속해서 급전직하, 바닥을 뚫고 내려갈 지경이었다.

도무지 부모님께 보여 드릴 수 없을 정도로 형편없는 성적이 나오자 성적표를 몰래 버리기 시작했다. 이런 일이 반복되니 죄책감은 더욱 커졌다. 평소 부모님이 날 믿고 학업 부담을 안 주는 편이라 더욱 죄송했다. 도저히 부모님을 뵐 면목이 없었다. 또다시 최악의 성적표를 받아 든 날, 덜컥 겁이 나 충동적으로 본드를 먹었다. 사실 이때도 죽으려는 마음은 없었다. 그 와중에 혹시라도 죽을까 봐 액체 대신 딱딱하게 굳어 있는 본드를 먹었으니. 결국 나는 그 자리에서 기절했다가 다음 날 어머니에게 발견되어 겨우 정신을 차릴 수 있었다.

사정을 알게 된 부모님은 화를 내는 대신 내 손을 잡고 눈물을 흘리셨다. 그제야 성적표를 버린 일보다 훨씬 더 큰 잘못을 저질렀다는 걸 깨달았다. 이제 다시는 부모님을 실망시키지 않으리라 마음먹었다. 그 뒤로 운동도 친구도 연애도 끊고 공부에만 매진했다. 그렇게 1년쯤 보내자 성적이 꽤 올랐다. '스카이'까지는 아니어도 웬만한 대학은 갈 수 있는 성적이었다. 하지만 이번엔 운이 따라 주지 않았다. 지원한 대학에 모두 떨어지고 재수를 하게 된 것이다. 진짜 이를 악물고 열심히 공부했는데도 입시에 실패하니 묘한 보상 심리가 작동했다. 지금은 좀 놀아도 다음에 운만 좀 따라 주면 원하는 대학에 갈 수 있을 것 같았다.

재수를 하면서 공부 대신 그동안 멀리했던 운동과 친구, 연애를 다시 시작했다. 학원보다 당구장에 더 자주 갔다. 나중에는 학원에 등록할 돈으로 친구들과 놀러 다녔다. 그러니 대학에 또 떨어질 수밖에. 결국 삼수를 했지만, 그래도 정신을 못 차렸다. 여전히 학원 대신 당구장에서 살았다. 당구 실력이 늘어난 만큼 성적은 떨어졌다. 결국 입시 첫해에는 생각지도 않았던 대학에 겨우 붙었다. 그래도 부모님은 기뻐해 주셨다. 삼수하느라 고생했다면서 내 손을 붙잡고 우셨다. 죄송스러운 마음이 들었지만, 그래도 대학에 들어갔으니 또 열심히 놀았다. 이제는 일말의 부담도 없이 본격적으로 놀았다.

진짜 정신을 차린 건 군대를 다녀와서였다. 남들보다 많은 나이였으니 앞날에 대한 고민이 클 수밖에 없었다. 군대에 있는 동안 여자 친구가 고무신을 거꾸로 신은 일도 현실을 돌아보게 했다. 여자 친구는 별 비전 없는 나 대신 잘나가는 프로 야구 선수를 선택했다. 이대로는 안 되겠다는 생각이 들었다. 제대 후에는 고등학교 때처럼 모든 것을 끊고 편입 공부에 몰두했다. 그렇게 몇 달 동안 이른 아침부터 새벽까지 죽어라 공부했더니 스카이도 노려 볼 만한 성적이 나왔다. 아쉽게 스카이 편입에는 실패했지만, 인서울에는 성공했다.

그런데 다른 문제가 생겼다. 취직에 유리할 것 같아 문과에서 이과로 옮겨 전자공학과에 들어간 것까지는 좋았는데, 도저히 수업을 따라갈 수가 없었다. 공대에서 배우는 수학, 물리는 편입을 준비할 때랑은 차원이 달랐다. 할 수 없이 다시 한번 편입 시험을 준비해 경제학과에 들어갔다.

대기업 사원에서 보험 영업 사원으로

대입 삼수와 두 번의 편입까지, 남들보다 족히 사오 년은 늦어진 셈이었다. 이제부터는 정말 열심히 해서 취직은 제대로 해야겠다고 결심했다. 하지만 때마침 IMF 금융 위기가 터졌다. 졸업과 동시에 여기저기 이력서를 냈지만, 취업 시장은 이미 꽁꽁 얼어붙어 있었다. 닥치는 대로 지원한 끝에 겨우 인턴 사원으로 입사했다. 지금은 흥국화재로 간판을 바꾼 쌍용화재였다. 인턴 기간은 1년, 그 후 성과를 보고 정규직 여부를 결정한다고 했다.

기간이 너무 길고 된다는 보장 또한 없었지만, 찬밥 더운밥 가릴 처지가 아니었다. 무조건 들어가서 죽어라 일했다. 몇 년 전 열풍을 일으켰던 드라마 <미생>을 미리 경험한 셈이다. 드라마 속 '원 인터내셔널'처럼 쌍용화재 또한 대기업이라 인턴들도 스카이 출신이 많았다. 동기들에 비하면 학벌도 스펙도 달렸지만, 나에겐 장그래와 같은 간절함이 있었다. 인턴 기간 중 누구보다 열심히 뛰었고, 누구보다 큰 성과를 이루었다. 그리고 드라마와는 달리 정규직 취업에 성공했다. 부모님도 뛸 듯이 기뻐하셨다. 드디어 부모님 은혜에 조금이나마 보답한 기분이었다.

하지만 직장에 들어가 보니 또 다른 현실의 벽이 기다리고 있었다. 도무지 앞날에 대한 비전이 보이지 않았다. 남들이 들으면 배부른 소리라고 할지도 모르겠지만, 견딜 수가 없었다. 차라리 야근은 할 만했다. 일도 어렵지 않았다. 난 온라인 대리점 개설과 기업 제휴를 통한 콜센터 DB 공급 업무를 맡았는데, 인턴 시절부터 하던 일이라 어느 정도 익숙했다. 덕분에 인턴 때처럼 성과도 좋았다. 하지만 10년 뒤, 20년 뒤의 내 모습이 잘 그려지지 않았다. 만약 20년쯤 뒤의 내 모습이 지금 함께 일하고 있는 부장님이라면, 죄송하지만 내가 정말 원하는 모습이 아니었다.

　그렇다면 어떻게 할까? 일단 경영 대학원에 진학해서 공부를 더 해 보자는 생각이 들었다. 대기업 경력에다 MBA까지 따 놓으면 좀 더 비전 있는 직장에 자리를 잡을 수 있을 것 같았다. 다행히 부모님은 다시 한번 나를 믿고 결정을 존중해 주셨다. 집안이 크게 넉넉하진 않았지만, 부모님이 모두 일을 하고 계셔서 당장 생활비를 보태야 한다는 부담도 없었다. 일단 직장을 그만두고 경영 대학원을 준비하고 있는데, 때마침 일기 시작한 IT 바람이 나에게도 불어왔다. 새로 창업한 IT 기업의 마케팅 팀장 제의를 받았다. 월급보다 성장 가능성이 매력적이었다. 잘하면 스톡옵션으로 한몫 챙길 수도 있을 듯했다.

　'그래, 어차피 경영 대학원에 가려고 한 것도 비전 있는 일을 찾기 위해서였잖아? 이게 그런 일이니 바로 시작하면 더 좋지 뭐.' 그렇게 출근을 시작해서 야근을 밥 먹듯이 했지만, 사업은 잘 풀리지 않았다. 몇 달 뒤부터는 월급이 밀리기 시작했다. 이건 아니다 싶어 바로 사표를 냈다. 그리고 새로운 일을 알아보기 위해 선배들을 만나러 다니다가 보험 영업을 해 보지 않겠냐는 제안을 받았다. 요즘 외국계 생명보험사에서 대기업 출신 경력자를 특별 채용하는데, 조건이 좋을 뿐 아니라 성과에 따라 억대 연봉도 가능하다는 이야기였다. 하지만 난 억대 연봉 이야기보다 스카이 출신이 아니어도 성공할 수 있다는 점에 마음이 끌렸다. 학벌이나 스펙이 아니라 노력으로 승부를 걸 수 있는 '공정한 직업'에 도전하고 싶은 마음이 들었다.

더구나 난 보험 영업에 대한 편견도 별로 없었다. 어머니와 이모들이 보험 설계사로 일하고 있었기 때문이다. 결혼 후 전업주부로 사시던 어머니는 내가 재수할 무렵부터 보험 일을 시작하셨다. 나름 성과를 올리는 어머니를 보고 이모들까지 보험업계에 뛰어들었고, 어머니와 이모들은 일을 즐겁게 하는 것처럼 보였다. 보험 일을 해 보겠다는 내 말에 어머니와 이모들, 아버지도 적극 찬성하셨다. 너라면 잘할 거라고 용기를 북돋워 주셨다. '좋다, 드디어 나도 억대 연봉을 받아 보겠구나. 아니 일단은 월급 500만 원부터 달성해 보자.' 부푼 희망과 함께 내 보험 영업이 시작되었다.

최악의 조건에서 시작한 보험 영업

드디어 신입 사원 교육 첫날. 입사 동기들의 면면은 정말 화려했다. 모두가 대기업 출신에다가 대부분 학벌도 좋았다. 삼성, 현대, SK 같은 최상위 대기업 출신도 많았다. 이렇게 쟁쟁한 사람들이랑 같이 일하게 된다니 뿌듯하기도 했지만 긴장도 됐다. 모자라는 스펙은 열정으로 메울 수밖에. 교육 기간에는 어느 정도 가능해보였다. 다들 새로운 일을 시작하는 처지라 경쟁보다는 서로 챙겨주는 분위기였다. 하지만 한 달간의 교육이 끝나고 본격적인 영업이 시작되자, 개인 간 격차는 생각보다 크게 벌어졌다. 누구는 하루에도 몇 건씩 계약해 오는 반면, 누구는 일주일에 한 건도 힘들었다. 불행히도 나는 후자에 해당했다.

처음부터 눈에 띄는 성과를 올리는 사람은 그만큼 준비를 철저히 한 덕분이었다. 같이 일을 시작한 동기 한 명은 포스코 출신이었는데, 3년 전부터 보험사 이직을 계획하고 차근차근 준비해 왔다고 했다. 퇴사 전에 미리 가망 고객 리스트를 작성하고 우호적인 관계를 맺어 놓는 등 공을 들였다는 것이다. 다른 동기들도 그만큼은 아니었지만, 나름의 준비를 해 놓은 경우가 많았다. 혹시 준비가 좀 부족하더라도 사회 경험이 풍부한 만큼 대부분 가망 고객 풀이 넉넉했다. 하지만 나는 최악의 상황이었다. 준비도 부족하고 가망 고객 풀도 협소했다. 교육 중에 가망 고객 리스트를 300명 이상 채워

넣는 미션이 있었는데, 딱 30명을 적고 나니 더 이상 쓸 이름이 떠오르지 않았다. 결국 친구들 명함을 빌려서 겨우 숫자를 채웠다.

이렇게 된 데에는 몇 년 동안 게임에 빠져 지낸 탓이 컸다. 마지막으로 편입한 대학을 다닐 때는 학교보다 피시방을 더 자주 갔다. 대학 동기들과는 어울리기 어색할 정도로 나이 차이가 난 것도 이유가 되었다. 학교에 영 정을 붙이지 못하고 밖으로 돌다가 게임에 빠져들었다. 나중에는 피시방에서 아주 살다시피 했다. 잠깐 집에 가서 씻고 눈을 붙일 때 빼고는 온종일 피시방에 머물렀다. 오죽하면 피시방 사장 형이 돈을 주면서 오지 말라고 할 정도였다. 이런 생활을 몇 년 하다 보니 활발하던 성격도 내성적으로 변했다. 친구들이 만나자고 해도 핑계를 대면서 피시방에 갔다. 그러니 인간관계가 좁아지고 가망 고객이 줄어들 수밖에.

그렇다고 집안 친척들을 가망 고객에 올리기도 어려웠다. 우리 가족뿐 아니라 일가 친척까지 어머니와 이모들이 싹 훑고 갔기 때문이다. 내가 보험사를 선택하는 데 도움이 되었던 보험 친화적인(?) 집안 분위기가 막상 영업을 하려니 걸림돌로 작용했다. 처음으로 사회적 관계를 맺었던 첫 직장도 별 도움이 안 되었다. 쌍용화재도 보험사다 보니 대다수 직원이 이미 많은 보험에 가입해 있던 것이다. 그나마 친했던 전 직장 선후배들은 "한 달에 나가는 보험료가 너무 많아 더 이상은 힘들다."라며 미안해했다.

개척과 거절의 연속, 좌충우돌 신입 시절

그나마 리스트에 올린 가망 고객들도 어렵기는 마찬가지였다. 대부분 내 나이 또래의 친구들이었는데, 싱글에다 소득도 높지 않을 뿐 아니라 여러모로 불안정한 시기여서 위험 대비나 장기적인 인생 플랜에는 별 관심이 없었다. 한마디로 보험 니즈가 전혀 없다는 뜻이었다. 그마저도 열흘쯤 지나니 더 이상 만날 사람조차 없었다. 그때부터 그야말로 맨땅에 헤딩하듯 개척 영업이 시작되었다.

사무실이나 상가를 매일같이 방문하면서 눈도장을 찍고 명함을 돌렸다. 새로 나온 보험 상품 관련 전단지를 만들어서 출근길 직장인들에게 나눠 주기도 했다. 점심시간 빌딩 앞에 모인 사람들과 같이 담배를 피우며 간단한 인사를 나눈 뒤에 명함을 주기도 했다. 어쩌다 아는 사람 만나러 사무실에 가면 전체를 구석구석 돌면서 명함을 돌렸다. 병원에서는 환자처럼 접수를 하고 진료실로 들어가 내 명함을 주고 의사 선생님 명함을 받아 오기도 했다. 하지만 모든 개척 시도는 별무소용이었다. 개척 영업으로 성공한 보험 설계사들의 경험담을 찾아 읽고 따라 해 보았지만, 그것도 성과가 없었다. 이런 식으로 맨땅에 헤딩만 하다가는 머리가 깨져서 죽을 것만 같았다. 일단 개척 활동을 접고 다시 지인 영업으로 돌아갔다.

지인도 몇 없으니 자주 찾아갔다. 사무실에서 먹고 자면서 일요일도 없이 일했으니 시간은 충분했다. 보험 회사 입사 전까지 가장 많은 시간을 보냈던 피시방도 다시 찾았다. 같이 게임을 하며 친해진 사람들이 아직 있었기 때문이다. 이제는 같이 게임을 하는 대신 옆에서 구경만 하다가, 아는 사람이 담배를 피우러 나갈 때면 따라 나가 보험 상품을 설명했다. 사실 피시방 사람들도 나랑 비슷한 연배여서 보험 니즈가 거의 없었다. 하지만 여기서라도 계약을 따내야 했다. 더 이상 찾아갈 곳이 없었기 때문이다.

지성이면 감천이라고 했던가. 이렇게 좌충우돌하는 와중에도 계약이 하나씩 이루어졌다. 첫 고객은 삼수 끝에 들어간 첫 대학 동창이었다. 같은 과는 아니었지만 같은 운동을 좋아해서 친해진 친구였다. 내가 다른 대학에 편입하면서 소식이 끊겼다가 7년 만에 연락하고 찾아간 친구는 동대문에서 막 장사를 시작한 터였다. 사장님 소리를 들었으나 월수입은 중소기업 신입 사원과 비슷했다. 반갑게 인사를 하고 서로의 근황을 나눈 뒤 본격적으로 보험 상품을 설명했다. 아직 지식도 부족했고 달변도 아니었지만, 열정 하나만으로 더듬더듬 설명을 이어 나갔다. 다행히 친구도 고개를 끄덕이며 잘 들어 주었다. 그렇게 4시간쯤 흘렀을 때 친구가 갑자기 내 손을 덥석 잡았다.

"준호야, 너 진짜 열심히 사는구나. 나도 장사 시작하면서 열심히 산다고 생각했는데, 널 보니 부끄러워 명함도 못 내밀겠네. 내가 지금은 여유가 없어서 큰 상품은 못 들지만, 그래도 계약 하나하자. 나중에 장사 잘되면 더 큰 상품도 가입할게."

친구가 손을 잡아 주니 눈물 나게 고마웠다. 실제로 눈물이 찔끔 났던 것도 같다. 그리고 속으로 다짐했다. '고맙다 친구야. 나도 너한테 부끄러운 사람이 되지 않도록 더 열심히 노력할게.' 다시 찾은 피시방 사장 형도 내 고객이 되어 주었다. 하나둘씩 꾸준히 계약이 이루어졌지만 아직 남들에 비하면 한참 모자란 수준이었다. 여전히 만날 고객이 부족했고, 만나도 거절당하기 일쑤였다. 그래도 멈추지 않았다. 더 이상 물러날 곳이 없었기 때문이다.

나는 보험인이다

제발 저의 고객이 되어 주세요

이제는 개척이든 지인 영업이든 가리지 않았다. 더 이상 가릴 처지도 아니었다. 하루는 한두 번쯤 얼굴을 뵀던 보험 대리점 대표님을 찾아갔다. 보험 상품을 팔기 위해서였다. 마치 정육점에 고기를 팔러 간 셈이랄까? 지푸라기라도 잡아야 할 만큼 간절했기 때문이었다. 내 용건을 들은 대표님은 기가 막힌 듯 풋, 하고 웃더니 자기 친동생을 소개해 주셨다. 충주에서 교사 생활을 하고 있는데 얼마 전에 결혼했으니 필요한 보험 상품이 있을 거라는 설명도 덧붙였다. 90도로 인사한 후 주말에 충주로 향했다. 가는 길에 다짐했다. 오늘은 반드시 계약을 따내고 말리라. 계약하기 전에는 절대로 일어서지 않으리라.

상담은 부부의 작은 신혼집에서 이루어졌다. 시작은 좋았다. 나는 대표님 소개로 왔다면서 인사를 건넸고, 부부는 먼 길 오시느라 고생하셨다면서 음료수를 내왔다. 그렇게 마주 앉아 우리 회사와 내 소개를 하고, 신혼부부에게 필요한 보험 상품을 설명하니 대략 한 시간이 지났다. 그런데 거기까지가 끝이었다. 설명을 들은 부부는 멀뚱멀뚱 나를 바라보았고, 나도 더 이상 할 말이 생각나지 않았다. 보통 때였다면 이쯤에서 다음을 기약하며 일어서야 하는데, 이날은 계약하기 전에 일어나지 않으리라 다짐했으니 나도 멀뚱멀뚱 버티고 앉았다.

젊은 부부는 좋은 분들이었다. 분위기가 어색해지자 밥을 먹고 가지 않겠냐고 말해 주었다. 보통 때라면 고맙지만 괜찮다며 사양하고 일어섰겠지만, 이날은 절대 그럴 수 없었다. 안면에 철판을 깔고 고맙게 먹겠다고 말했다. 그러다가 분위기를 봐서 보험 이야기를 다시 꺼낼 생각이었다. 밥이 입으로 들어가는지 코로 들어가는지 모를 정도로 뻘쭘한 분위기에서 식사를 마치자 다시 침묵이 이어졌다. 친절한 부부는 차를 권했고, 난 모른 척하고 차까지 얻어먹었다. 하지만 여전히 상담은 이루어지지 않았다. 말주변도 없던 나는 어떻게 상품 이야기를 꺼내야 할지 고민만 하고 있었다. 그러다 거실에 있는 결혼 앨범이 눈에 들어왔다. 나는 염치 불고하고 결혼 앨범을 볼 수 있느냐고 부탁했고, 잠시 쭈뼛거리던 남편이 앨범을 꺼내 와서 펼쳐 보이며 설명해 줬다.

신혼여행 사진까지 보고 나니 시간은 밤 9시. 상담을 시작한 지 4시간이 지났다. 여전히 거실에서 버티고 있는 나한테 차마 나가 달란 말을 못 한 아내분은 말도 없이 방으로 들어가 버렸다. 아마도 무언의 압력을 가한 것이리라. 그래도 굴하지 않고 남편에게 보험 이야기를 다시 꺼냈지만, 분위기가 안 좋았다. 남편의 인내심도 한계에 다다른 듯했다. 이제 무슨 이야기를 해야 대화를 이어 갈 수 있을까? 고민 끝에 대한민국 남성들의 영원한 떡밥, 군대 이야기를 꺼냈다. 다행히 젊은 남편은 자신의 군대 이야기를 줄줄 풀어 놓았다. 다시 그렇게 시간을 보내면서 중간중간 눈치를 보다 보험

나는 보험인이다

이야기 꺼내기를 반복했다. 물론 남편은 보험 이야기만 나오면 인상을 구기며 고개를 가로저었지만 말이다.

마침내 계약을 포기하고 일어선 시간이 새벽 2시였다. 인사를 하면서 일어서는데 머리가 핑 돌면서 휘청했다. 무려 9시간 동안이나 앉아 있었으니 그럴 만도 했다. 쓰러지려는 나를 남편이 부축해서 겨우 중심을 잡았다. 문 앞에서 다시 인사를 하는데 남편이 말했다.

"같이 담배 한 대 피우실래요?"

"아, 네, 그러시죠."

그렇게 눈치를 주는데도 9시간이나 버틴 내가 나중에는 안쓰러웠던 모양이다. 아파트 주차장에서 담배를 피우며 마치 오래된 친구처럼 이런저런 이야기를 나눴다.

집으로 돌아오는 길. 결국 계약을 못 했으니 좌절할 법도 한데, 오히려 마음이 뿌듯했다. 오늘 하루 내가 정말 최선을 다했구나. 최선을 다하면 결과에 상관없이 뿌듯하고 행복하구나. 덕분에 앞으로도 최선을 다할 수 있는 힘을 얻었다. 물론 가족 소개로 찾아온 보험 설계사를 차마 쫓아내지 못하고 오밤중까지 상대해 준 착한 부부께는 죄송한 마음뿐이었다. 그래도 내 목적은 돈이 아니라 '제 고객이 되어 주십사' 하는 것이었다고 자신 있게 말씀드릴 수 있다. 정말 내 고객이 되어만 주신다면 평생 잘해 드릴 자신이 있었다.

보험 일을 시작하고 지금까지 내가 먼저 고객을 버린 적이 없다. 한번 인연을 맺으면 계약이 없더라도 편지를 전하고 선물도 보내 드렸다. 내 수입보다 고객 관리 비용이 더 나가도 상관없었다. 충주의 착한 신혼부부께도 지금까지 해마다 편지와 소식지를 보내 드린다. 여전히 계약은 못 했지만 지금도 그분들이 고맙다. 물론 지금이라도 내 고객이 되어 주신다면 평생 잘해 드릴 것이다.

새벽까지 일하고, 주례사를 들으며 졸다

그렇다고 무데뽀로 맨땅에 헤딩만 한 건 아니었다. 보험과 금융을 열심히 공부하는 것은 기본이고, 나보다 훌륭한 사람들의 좋은 점을 따라 하려고 노력했다. 특히 선후배 동료들의 장점 중 따라 할 수 있는 것들은 무조건 따라 했다. 고객 상담 방법부터 스케줄 관리, 하다못해 다이어리 정리법이나 조회 시간에 제일 앞자리에 앉아서 열심히 필기하는 태도까지 따라 했다. 다행히 내가 일을 시작한 지점은 서로를 격려하고 자신의 노하우를 아낌없이 공유하는 분위기라 가능한 일이었다.

이렇게 공부하고, 배운 것을 실천하고, 남의 장점을 따라 하다 보니 어느새 내가 점점 변하는 게 느껴졌다. 어눌하던 말이 조금씩 유연해지고, 계약을 결정짓는 클로징 멘트에 힘이 실렸다. 무엇보다 도약의 계기가 된 것은 끊임없이 노력하는 가운데 고객들의 신

나는 보험인이다

뢰가 점차 쌓여 갔다는 사실이다. 특히 예전 내 모습을 잘 아는 친구들이 그랬다. 내가 보험 영업을 시작했다는 소식을 듣고 "준호가 3개월 이상 영업을 계속하면 내 손에 장을 지진다."라고 말하던 친구들이 1년쯤 지나자 "준호가 변했어. 보험에 관심 있으면 준호한테 연락해 봐."라고 말하기 시작했다. 덕분에 한 손가락에 꼽을 정도이던 친구 계약이 수십 건으로 늘어났다.

다른 계약도 전반적으로 늘면서 수입도 함께 늘어났다. '보험업계 정착금' 200만 원으로 시작한 월급이 1년쯤 지나자 500만 원을 넘겼다. 보험 일을 시작하면서 처음 세운 목표를 달성한 셈이었다. 이건 입사 전부터 사귀던 여자 친구에게 한 약속이기도 했다. 한 살 많은 여자 친구와는 이미 양가 인사까지 다 마치고 결혼식만 남겨 놓은 상태였다. 하지만 내가 월급 500만 원을 넘겨야 결혼하겠다고 말하면서 결혼 날짜가 미뤄졌다. 여자 친구는 자기가 먹여 살릴 테니 걱정 말라고 했지만(영국에서 패션을 공부한 여자 친구는 서태지와 아이들, 쿨, 핑클, 보아 등 유명 연예인의 코디로 한창 주가를 올리고 있었다.) 내 자존심이 허락하지 않았다.

여자 친구와는 내가 군에 있을 때 처음 만났다. 아는 누나가 주선한 소개팅 자리에 군복을 입고 나갔다. 내 딴엔 멋진 제복(?)이라 생각했는데, 나중에 이야기를 들어 보니 '전혀 아니올시다'였단다. 그래도 분위기는 좋았지만 나는 다시 군대로, 여자 친구는 유학 중인 영국으로 돌아가면서 자연스레 소식이 끊겼다. 그러다 내가 쌍용화재에서 인턴을 하면서 영국에서 귀국한 여자 친구를 다시 만났다. 처음엔 친구처럼 가벼운 만남을 이어 가다, 어느새 결혼까지 약속한 사이가 되었다.

드디어 결혼식 날짜를 잡았지만, 난 여전히 쉬는 날 없이 일에 매진했다. 결혼 준비는 여자 친구가 도맡다시피 했다. 심지어 결혼 전날 새벽까지 일을 하느라 내 결혼식에 늦을 뻔했다. 비몽사몽간에 결혼식을 치르는데 주례사 도중에 꾸벅꾸벅 졸았다. 내가 조는 걸 눈치챈 신부가 팔꿈치를 살짝 치는 바람에 번쩍 정신을 차리고 무사히 결혼식을 마칠 수 있었다. 지금 생각하면 고맙고 미안한 장면이다. (참고로 전날 새벽까지 나와 상담했던 고객 또한 결혼식에 참석해 내가 조는 모습을 보았단다.)

신혼 살림은 투룸에서 월세로 시작했다. 당시는 월급만큼 영업비가 나가던 시절이라 모아 놓은 돈도 별로 없었다. 아내는 여유가 있었지만, 이번에도 내가 자존심을 세웠다. 조금만 있으면 돈을 제대로 벌어서 전원주택을 지을 테니 그때까지만 같이 고생하자고 했다. 아내는 내가 멀쩡히 다니던 대기업을 그만두고 보험사로 옮길 때처럼 나를 믿어 주었다.

나는 보험인이다

나의 첫 스타 고객, '아시아의 별' 보아

하루라도 빨리 월세에서 벗어나 전원주택의 꿈을 이루려면 돌파구가 필요했다. 아내가 일하고 있는 연예계 스타들을 고객으로 모실 수 있다면? 그러면 전원주택뿐 아니라 입사할 때 세운 '연봉 1억'이라는 목표도 좀 더 빨리 달성할 수 있을 터였다. 하지만 문제가 하나 있었다. 아내도 나도 일은 일로, 프로답게 접근하는 것을 원칙으로 삼은 탓에 서로의 일에 간섭도 안 하지만 크게 도움을 주지도 않았다. 당연히 아내는 자신과 함께 일하는 스타를 나에게 소개해 주는 일이 거의 없었고, 나 또한 원하지 않았다. 자존심도 자존심이지만, 개인적 인연을 이용하면 계약 몇 건을 맺을 수는 있어도 '스타 시장'을 제대로 개척할 수 없다고 생각했다.

그렇다면 어떻게 스타 시장을 제대로 개척할 수 있을까? 고민을 거듭하던 중 우연히 신문 기사를 보게 되었다. 당시 인기를 끌던 탤런트 겸 가수 이혜영이 국내 최초로 '다리 보험'을 들었다는 내용이었다. 할리우드 스타들만 든다는 신체 보험을 우리나라 연예인도 가입했다는 소식이 화제를 뿌렸다. 문득 머릿속에 번쩍 하고 아이디어가 떠올랐다. 탤런트의 다리에 보험을 든다면 가수의 목소리도 가능하지 않을까? 뒤이어 한창 '아시아의 별'로 떠오르고 있는 보아가 떠올랐다. 보아는 아내가 코디를 맡고 있는 스타 중 하나였지만, 개인적으로 소개받는 대신 공식적으로 회사 문을 두드리기로 했다.

보아가 소속된 SM엔터테인먼트에 보아의 목소리 보험에 관한 상품 기획서를 보냈다. 보험을 통해 보아의 가치를 홍보할 수 있을 뿐 아니라 회사는 리스크 매니지먼트를 할 수 있다고 설명하면서 해외 사례와 함께 구체적 수치를 덧붙였다. 예전 쌍용화재에 있을 때 제휴 업무를 하면서 특이한 보험을 공부했던 게 도움이 되었다. 그리고 보아의 가족들에게 어필할 수 있는 보장성보험의 장점까지 강조했다. 제안에 관심을 보인 보아 소속사에서는 회사로 직접 와서 프레젠테이션을 해 달라고 요청했다. 성공만 하면 수십억짜리 계약에 한 걸음 다가간 셈이었다. 지점장님과 부지점장님까지 합류해서 밤을 새워 가며 자료를 준비하고 몇 번이나 연습한 뒤에 회사에 방문했다. 떨리는 목소리로 회사 고위 관계자 앞에서 프레젠테이션을 진행했다.

결과는? 대성공! 나중에 들으니 스타의 가족들까지 만족시킬 수 있다는 점이 크게 작용했다고 했다. 누구나 쉽게 생각할 수 있는 홍보나 절세 효과만 강조했으면 계약까지 이르기 힘들었을 것이다. 지점장님과 부지점장님이 함께한 것도 큰 도움이 되었다. 이렇게 '아시아의 별' 보아는 나의 1호 스타 고객이 되었다.

한 손에 꼽을 만큼 드물지만, 아내에게 직접 소개받은 스타도 있다. 가수 이효리 씨가 그런 경우였다. 핑클로 데뷔했을 때부터 아내가 코디를 맡았던 이효리 씨는 아내와 정말 친한 사이였다. 이효리 씨와의 인연은 빅뱅의 대성 씨에게로 이어졌다. 당시 <패밀리가 떴다!>라는 프로그램에 같이 출연 중이던 둘이 우리 집으로 놀러 온 것이 계기가 되었다.

이렇듯 연예인 시장을 개척하면서도 공부는 필수였다. 가수, 배우, 방송인 등 분야에 따라 보험 니즈가 다르기 때문이다. 또한 같은 아이돌이라도 기획사에 따라 급여 체계 등 조건이 달랐다. 이런 걸 하나하나 공부하다 보니 어느새 이 분야의 전문가로 자리 잡을 수 있었다. 이건 스타들이 먼저 인정해 주었다. 스타가 스타를 소개해 주기도 하고, 이런저런 자리에서 안면을 익힌 스타가 먼저 보험 상담을 요청해 오는 경우도 생긴 것이다. 덕분에 지금도 많은 연예계 스타를 고객으로 모시고 있다.

6개월 노력 끝에 프로 스포츠 시장을 개척하다

연예인에 이어 스포츠 스타 시장에 뛰어든 건 우연한 계기를 통해서였다. 입사 3년 차쯤에 어느 정도 실적이 쌓이자 사내 교육을 할 기회가 생겼다. 여기서 스타 시장을 개척한 경험을 말씀드렸더니 강의를 들은 분이 제안을 해 왔다. 자신과 같이 스포츠 스타 시장을 뚫어 보자는 것이었다. 그분은 스포츠 신문 기자 출신의 FSR이었다. 아직 영업 경력이 오래되지 않아 자신이 갖고 있는 프로 스포츠계 화려한 인맥을 실적으로 연결하는 데 어려움을 겪고 있었다. 그러던 차에 내 강연을 듣고는 조인트 영업을 제안해 온 것이다.

나는 기쁜 마음으로 제안을 받아들였다. 새로운 시장 개척에도 관심이 있었지만, 스포츠는 워낙 좋아하는 분야였다. 특히 프로야구는 좋아하는 팀의 기록은 물론, 선수들의 개인 기록까지 줄줄 꿰고 있을 정도였다. 마침 처음으로 상담이 잡힌 사람은 기아 타이거즈의 간판 포수인 김상훈 선수였다. 평소 김상훈 선수의 팬이었기에 설레는 마음으로 상담을 갔다. 과연 나와 함께 간 분은 김 선수와 막역한 사이였다. 서로 반갑게 인사한 것까지는 좋았는데, 보험 이야기를 꺼내기도 전에 김상훈 선수가 먼저 입을 열었다.

"이것 참, 오랜만에 얼굴 뵈니 반갑기는 한데요. 제가 새로 보험을 들기는 어려울 것 같습니다. 저랑 같이 십 년 넘게 운동하던 선수가 얼마 전에 은퇴하고 보험 일을 시작했거든요. 전 그 친구 통해서 이미 보험에 들었어요. 그리고 우리 단장님 조카도 보험 영업을 하더라고요. 단장님 얼굴 봐서 또 다른 보험에 가입했죠. 아마 우리 팀 다른 선수들도 마찬가지일 거예요."

이런 말까지 들으니 더 이상 상담을 진행하기 어려웠다. 쉽지 않을 거라고 각오는 했지만, 이렇게 상담이 무산될 줄은 몰랐다. 하지만 나에게는 아직 끝이 아니었다. 이때부터 본격적으로 프로 스포츠에 관해 공부하면서 기회가 날 때마다 김상훈 선수에게 도움이 될 만한 정보를 우편으로 보냈다. 예컨대 프로 야구 선수들은 오프 시즌인 12월과 1월에는 급여가 없다. 하지만 오히려 이 기간 동안 결혼식이나 경조사 등 돈이 들어갈 일은 더 많이 생겼다. 그래서 오프 시즌에도 수익을 올릴 수 있는 금융 상품에 가입하면 도움이 되었다.

또한 구단과의 계약금을 종합소득 대신 기타소득으로 잡으면 비용으로 처리할 수 있는 부분이 커져서 절세가 가능했다(2010년 부터는 기타소득 불인정). 이런 맞춤 정보와 함께 용도에 따라 통장을 여러 개 만들어 쓰면 자산 관리에 도움이 된다는 등 금융 관련 팁들도 알려 드렸다.

'맞춤형 금융 정보'와 함께 감성적 접근도 했다. 김상훈 선수가 부상을 당했을 때는 위로의 메시지와 함께 회복에 좋은 건강 식품을 보내는 식이었다. 이렇게 6개월쯤 지났을 때 김상훈 선수한테서 만나자는 연락이 왔다. 다시 한번 철저하게 준비해서 상담에 임했다. 지난 6개월간 쌓아 온 전문성을 기반으로 김상훈 선수뿐 아니라 아내의 니즈까지 상세히 조사한 후 상품을 설계했다.

이 과정에는 당연히 함께 영업했던 스포츠 신문 기자 출신 FSR님의 도움이 컸다. 프로 야구 시스템의 디테일한 정보는 물론이고, 기자 출신이어서인지 인터뷰 대상자의 자료를 모으고 사전 질문을 뽑는 것도 남달랐다. 게다가 이분은 여성이라 선수들 집을 방문할 때 어린 아이가 있으면 자연스럽게 아이와 놀아 주면서 부부가 나와의 상담에 집중할 수 있도록 도왔다. 이렇게 두 영업인의 협업을 통한 상담이 이루어지니 김상훈 선수뿐 아니라 아내도 매우 만족했다. 결국 김상훈 선수는 평소 아버지가 관리하던 자산까지 전부 우리한테 맡기기로 했다. 영업 시작 6개월 만에 '스포츠 스타 1호 고객'이 생기는 순간이었다.

일단 첫 고객이 생기니 다음 고객들은 자연스럽게 이어졌다. 김상훈 선수가 장성호, 최희섭, 박용택 등 당대의 스타 야구 선수들을 소개해 준 덕분이었다. 우리 고객 리스트는 여러 구단으로 확대되었고, 나중에는 축구와 농구, 배구 같은 다른 스포츠 스타들과도 계약을 맺게 되었다. 지금도 내 고객 중 약 10%는 연예계와 스포츠 스타들이 차지하고 있다.

대한민국 제2호 종신 TOT에 오르다

열심히 노력한 끝에 고객들의 신뢰가 쌓이고 연예계와 스포츠 스타들로까지 영업 범위를 넓게 되니 실적도 점점 더 좋아졌다. 입사 2년 차에는 MDRT에 이름을 올렸고 다음 3년 동안은 COT, 그다음 해에는 TOT를 달성했다. 회사 내 성적도 2003년 44등을 시작으로 19등, 13등, 9등, 6등, 4등으로 해마다 상승하더니 2009년에는 드디어 전 사 챔피언 자리에 올랐다. 또한 2년 전에는 10번째 TOT를 기록하면서 종신회원이 되었다. 대한민국에서 두 번째 이루어진 기록이었다. 맨땅에 헤딩하던 입사 초창기에는 도무지 꿈도 꾸지 못했던 대기록을 달성한 것이다.

물론 운이 좋았다. 어려울 때마다 힘이 되어 준 동료와 고객들 덕분이기도 하다. 그리고 영업 초기부터 지켜 온 몇 가지 원칙도 큰 도움이 되었다. 그중 가장 중요하고 기본이 되는 건 '모두에게 배우고 꾸준히 실천한다'이다. 사람들은 보통 1등을 따라 배우려고 하는데, 나는 모든 사람에게 배우려고 했다. 잘나가는 선배를 쫓아다니며 배웠을 뿐 아니라 후배들과 이야기할 때도 노트를 펴 놓고 중요한 내용을 적으면서 배웠다. 물론 처음부터 그랬던 건 아니다. 개척 영업을 시작하면서 너무 힘들었기 때문에 시작한 배움, 아니 '따라 하기'였다. 누구에게서나 내가 따라 할 수 있는 장점을 발견하면 하나씩 따라 하며 내 것으로 만들었다.

사실 모두에게 배우는 것보다 더 중요한 것은 '꾸준한 실천'이다. 남의 장점을 따라 하기는 쉽다. 하지만 그걸 5년, 10년 이상 유지해서 결국 내 것으로 만들기는 지극히 어렵다. 실적 좋은 선배가 교육 시간에 늘 앞자리에 앉아 열심히 듣는 모습을 보고 따라 하기는 쉽지만, 십 년 뒤에도 늘 앞자리에 앉아 교육 내용을 열심히 받아 적기란 어렵다. 여기에는 창의성보다 참을성이 많은 내 기질도 한몫했다. 예전부터 나는 순발력보다 지구력이 훨씬 강했다. 하지만 더 결정적인 것은 '더 이상 물러설 곳이 없다'는 절실함에서 나오는 끈기였다. 매일 아침마다 '나는 벼랑 끝에 서 있다'는 자기 암시를 하고 하루를 시작했기에 꾸준함이 저절로 따라온 듯하다.

보험도 1등, 게임도 1등

이렇게 20년쯤 생활하다 보니 '배움과 끈기'는 어느새 습관처럼 굳어졌다. 이 원칙은 일할 때뿐 아니라 게임을 즐길 때도 효과를 발휘했다. 입사 초창기엔 정신없이 일하느라 손도 못 대던 게임을 다시 즐기게 된 건 3년쯤 지나고부터였다. 물론 따로 시간을 내기보다 출근길이나 자기 전 시간을 활용했다. 특히 삼국지를 모티브로 삼은 전략 시뮬레이션 게임인 '대황제'를 즐겨 했다. 게임에서도 영업할 때처럼 나만의 독창적인 전략을 짜기보다는 잘하는 사람들의 전략을 따라 했다. 그렇게 꾸준히 따라 하다 보니 어느새 이 게임에서 '대한민국 1위'에 오르게 되었다. 당시 대황제는 메이플스토리에 버금갈 정도로 인기가 많은 게임이었는데도 말이다. 1등에 오른 뒤 플레이 기록을 보니 400일 동안 딱 이틀 빼고 매일 꾸준히 게임을 했다. 나만의 보험 영업 전략이 게임에서도 효과를 낸 것이다.

틈틈이 게임을 즐기면서 일은 더욱 열심히 했다. 입사 이후 9년 동안은 정말 쉬는 날 하루 없이 매일 일했다. 주말에도 상담을 잡고 계약을 했다. 한 주를 마무리하는 일요일 새벽까지 일한 적도 셀 수 없을 정도다. 이는 고객들의 신뢰를 높이는 데도 도움이 되었다. 언제나 성실하게 일하는 모습은 믿음직스럽게 보이기 마련이니까. 이렇게 일해도 크게 힘든 줄 몰랐다. 영업 초창기에는 간절함이 나를 이끌었고, 성과가 나오기 시작하자 일이 즐거웠다.

그렇다고 1년 365일 일만 하지는 않았다. 영업이 어느 정도 궤도에 오른 뒤부터는 MDRT 연차총회나 회사에서 포상으로 보내 주는 해외여행을 재충전의 기회로 삼았다. 코로나19가 유행하기 전에는 1년에 8~9차례나 해외에 나갔으니 결코 짧은 기간이 아니었다. 대신 해외여행 앞뒤로는 평소보다 더 정신없이 일했다. 그래야 매주 3건 이상 계약을 이어 가는 3W 기록을 달성할 수 있으니 말이다. 지금까지 나는 3W를 300주 이상 기록 중이다.

쉬는 날 없이 일하는 습관은 입사 10년 차에 아이가 태어나면서 바뀌게 되었다. 그때부터 주말은 오로지 가족과 함께 보내는 시간이 되었다. 물론 평일은 여전히 아침 일찍 나가서 새벽까지 일하고 있지만 말이다. 모든 부모가 마찬가지겠지만, 결혼 9년 만에 태어난 아이는 우리 부부에게 정말 보석 같은 존재다. 임신에서 출산까지 어려운 과정을 거쳤기에 특히 그렇다.

고생해서 아이를 낳은 후에도 거의 도맡아 아이를 키우고 있는 아내에겐 언제나 고맙고 미안한 마음이다. 사업을 하고 학교에 강의를 나가면서 아이까지 잘 키우는 아내를 보면 늘 존경스럽다. 집에 일하는 분이 있지만, 그래도 쉽지 않은 걸 잘 안다. 그래서 토요일은 아내의 휴일이다. 아내 대신 내가 하루 종일 아이와 함께 있으면서 같이 놀고 세끼를 챙겨 먹는다. 일요일은 우리 세 식구가 모여서 즐겁게 하루를 보내는 '가족의 날'이다. 이렇게 주말을 보낸 뒤에는 '제2의 가족'인 동료들을 만나러 사무실로 나간다.

영업과 관리라는 두 마리 토끼 잡기

아이가 태어난 다음 해, 새로운 도전을 시작했다. 내가 관리하는 지점을 만들면서 지점장을 맡은 것이다. 원래 보험 영업에는 두 가지 루트가 있다. 영업자의 길과 관리자의 길. 처음엔 모두 영업자로 시작하지만, 뛰어난 실적을 올린 사람 중 일부가 관리자로 전환해서 부지점장, 지점장을 거쳐 본부장까지 올라간다. 보통 관리자는 개인영업을 하지 않는다. 조직 관리만으로도 일이 충분히 많기 때문이다. 하지만 난 두 가지 점에서 일반적인 경우와 달랐다. 하나는 부지점장을 거치지 않고 바로 지점장이 된 것이고, 다른 하나는 조직 관리를 하면서도 개인영업을 계속했다는 점이다.

이건 입사 5년 차 때 세운 중장기 목표이기도 했다. 입사 10년 차가 되면 조직 관리에 도전하겠다는 것. 그러면서도 개인영업은 계속 이어 가겠다는 것. 또 다른 성과를 내고 싶은 욕심도 있었지만, 내가 이상적으로 생각하는 보험 영업 조직을 만들고 싶은 마음도 컸다. 모두가 서로를 챙겨 주며 즐겁게 일하는 조직. 밖에서 아무리 힘든 일이 있어도 사무실만 들어오면 행복해지는 조직. 누구나 노력만 하면 원하는 성과를 얻을 수 있는 조직 말이다. 이를 위해 꽤 일찍부터 차근차근 준비했다. 초창기 리쿠르팅은 주로 동료들의 소개로 이루어졌다. 지방에 있던 동료 가운데 내 영업 평판을 들은 이들이 서울에 있는 입사 후보자들을 소개해 준 것이다. 그렇게 모인 분들을 팀으로 관리하다가 입사 10년 차인 2012년에 드디어 지점을 만들어 독립했다. 고맙게도 난 그동안의 성과를 인정받아 부지점장을 건너뛰고 바로 지점장 자리에 올랐다. 지점장과 부지점장 그리고 30명의 FSR로 이루어진 조직이었다.

물론 쉽지 않은 결정이었다. 특히 2009년과 2011년 사내 챔피언 달성에 이어 2012년에도 영업 1위를 고수하고 있었기 때문이다. 아무리 개인영업을 병행한다고 해도 지점장이 되는 순간 영업 챔피언 자리는 포기해야 했다. 하지만 나는 새로운 도전을 선택했고, 관리자로서 몇 가지 원칙을 정했다.

첫 번째는 '실적을 가지고 압박하지 않는다'였다. 이건 누구보다 열심히 일했지만 지점 내 꼴찌를 도맡았던 내 경험에서 나온 원칙이었다. 대신 치열하게 일하도록 독려하면서 영업 방식을 세심하게 코치했다. 이른 출근과 사무실 복귀 후 퇴근은 나부터 솔선수범했다. 사실 이건 입사 이후 계속 지켜 오던 루틴이었으니 크게 어렵지 않았다. 영업 방식 코치는 디테일에 좀 더 신경을 썼다. 예컨대 고객에게 유용한 금융 정보가 있다면 우선 문자나 카톡으로 보낸 뒤에 프린트해서 다시 전하는 것이 좋다. 여기서 한 걸음 더 나가 전화로 설명까지 하면 더욱 좋다. 회의 때마다 이런 디테일을 꼼꼼히 체크하니 어느새 모두가 스스로 디테일을 챙기는 업무 스타일이 정착되었다.

다음은 '서로 믿고 아끼고 재밌게 일하자'이다. 이건 일할 맛이

나는 보험인이다

나는 사무실 문화를 만들기 위한 원칙이었다. 그래야 외부에서 일이 늦게 끝나도 사무실에 다시 오고 싶어지기 때문이다. 밖에서 받은 스트레스를 안에서 풀 수 있어야 다시 일할 수 있는 힘을 얻는다. 이런 조직 문화가 정착되어야 동료가 상을 받을 때 진심에서 우러나는 박수를 쳐 줄 수 있다. 서로가 진심 어린 격려를 주고받을 수 있어야 행복하게 일할 수 있다.

불가능한 목표를 세워라

우리가 일을 하는 건 결국 성과를 내기 위해서다. 따라서 서로를 믿고 열심히 재미있게 일하는 것만으로는 부족하다. 그래서 내가 세운 또 하나의 원칙은 '불가능한 목표를 세워라!'였다. 좀 더 정확히 말하면 '불가능해 보이는 목표'다. 일을 할 때는 꾸준히 한 발씩 앞으로 나아가는 것도 중요하지만 가끔은 도약이 필요하다. 도약을 경험하는 좋은 방법은 누가 봐도 말이 안 될 정도로 큰 목표를 세우고 달성을 위해 전력투구하는 것이다. 마침내 불가능해 보이던 목표를 달성하면 더욱 좋지만, 그러지 않더라도 도약에 큰 도움이 된다. 이건 내 경험이기도 하다.

입사 2년 차가 되어 막 지점 꼴찌를 벗어나기 시작했을 때, 내가 속한 팀은 모두 4명이었다. 서로 챙겨 주고 즐겁게 일하는 분위기는 우리가 단연 1등이었지만, 실적은 중하위권에 머물렀다. 그래서 잘나가는 팀한테 은연중에 무시당하기도 했다. '쟤들은 똘똘 뭉쳐서 회사에 놀러 나오나?' 하는 시선도 느껴졌다.

어느 날 팀 막내였던 나는 선배들에게 다음 달에 우리가 지점 내 단골 1등 팀을 제쳐 보자는 '폭탄선언'을 했다. 처음엔 철없는 막내의 불가능한 목표라고 치부하던 선배들도 내가 그간의 설움(?)을 언급하며 열변을 토하자 점차 동조하기 시작했다. 나중에는 모두가 퇴근을 한 시간씩 미루면서 전력투구하는 분위기가 형성되었

나는 보험인이다

다. 사무실에서 얼굴을 볼 때마다 서로 격려했다. 팀 동료가 한 건씩 계약할 때마다 자기 일처럼 기뻐하며 축하해 주었다. 이렇게 미친 듯이 한 달을 일한 결과, 정말 불가능해 보이던 목표를 이룰 수 있었다. 우리 팀이 단골 1등 팀을 제치고 지점 내 1등을 차지한 것이다.

나한테는 이것이 또 다른 도약의 기회가 되었다. 이때부터 개인적으로 불가능한 목표를 세우기 시작했다. 지점 꼴찌를 벗어난 지 얼마 되지도 않는 주제에 본부 1등, 사내 챔피언을 넘어 '대한민국 최고'라는 목표를 세웠다. 그리고 열심히 노력한 결과 6년 만에 사내 챔피언이 되었고, 다시 10여 년이 지나 대한민국에서 두 번째로 종신 TOT가 될 수 있었다. 그리고 지금도 대한민국 최고가 되기 위해서 노력하고 있다.

관리자가 되어서도 불가능한 목표는 이어졌다. 지점장으로 조직 관리를 하면서 TOT도 계속 달성하겠다고 다짐했다. 그리고 최선을 다한 결과 지점장이 된 이후에도 7번의 TOT를 달성했다. 애초에 불가능한 목표를 세웠기에 가능한 일이었다고 생각한다.

지점장이 된 뒤에는 개인영업보다 조직 관리를 더 우선시했다. 고객 관리는 여전히 철저하게 했지만, 고객을 찾아갈 시간이 없었다. 그러자 고맙게도 고객들이 사무실로 나를 찾아오기 시작했다. 그것도 내 시간에 맞춰서 말이다. 입사 이후 철저한 고객 관리로 쌓은 신뢰가 없었다면 불가능한 일이다. 덕분에 영업 실적을 올리면서도 조직을 키워 나갈 수 있었다. 30명 남짓으로 시작한 우리 조직은 지금 300여 명을 훌쩍 넘겼다. 그사이 나는 10명의 지점장을 관리하는 본부장이 되었다.

실적도 꾸준히 올라서 처음엔 나 혼자였던 TOT가 5명, COT 14명, MDRT는 무려 52명으로 늘었다. 우리 회사뿐 아니라 대한민국 보험사를 통틀어 최고 수준의 실적이다. 실적보다 더 뿌듯한 점은 우리 본부의 1년 이상 정착률이 90%를 넘는다는 사실이다. 금융감독원이 지난해 발표한 자료에 따르면 우리나라 20대 생명보험사 신입 사원의 1년 이상 정착률이 평균 41.5%라고 하니, 우리 본부는 평균보다 두 배 이상의 정착률을 기록하고 있는 것이다. 여러 사정으로 우리 본부를 떠나는 분들도 일하는 동안 즐거웠다고, 다시 돌아오고 싶다고 말한다. 서로 믿고 아끼고 격려하는 조직문화 덕분일 것이다. 이런 조직 문화를 지켜 가는 동료들이 고맙고 자랑스럽다.

진짜 고객 관리는 계약 이후부터

올해로 보험 영업을 시작한 지 딱 20년이 되었다. 지점 꼴찌에서 시작해 종신 TOT에 이르는 동안 산전수전 공중전을 모두 거쳤다고 감히 말할 수 있다. 이 과정에서 쌓은 영업 노하우를 후배들에게 아낌없이 전수하고 있다. 그중에서도 가장 힘주어 강조하는 건

'고객에게 최선을 다하라'이다. 너무 당연한 말이지만, 실제로는 쉽지 않다. 단지 열심히 하는 것만으로는 부족하기 때문이다.

우선 고객을 만나기 전에 최대한 미리 공부를 해야 한다. 예컨대 스포츠 스타를 만나러 갈 때는 그와 관련된 기본적인 사항뿐 아니라 앞으로의 도전과 목표까지 고민하고 준비해야 한다. 보통 회사원을 만날 때도 마찬가지다. 그분의 주요 이력, 현재 다니는 회사의 특성과 맡은 업무에 더해 계획과 꿈까지 이야기할 수 있어야 한다. 상품 설명에 앞서 이런 이야기를 나누면 교감이 이루어지면서 일이 쉬워질 뿐 아니라, 보험 설계사로서 차별화된 이미지를 심어 줄 수 있다. 게다가 많이 준비할수록 깊이 있는 상담을 할 수 있다. 깊이 있는 상담을 해야 고객에게 딱 맞는 보험 상품을 설계할 수 있다. 모두에게 완벽한 보험 상품은 없다. 다른 금융 상품도 마찬가지다. 더 열심히 준비하고 상담하면 더 좋은 상품을 설계할 수 있다.

진짜 고객 관리는 계약 이후에 시작된다. 만약 10년짜리 보험 상품을 팔고 수수료를 받았다면 거기에는 10년 동안의 관리 비용도 포함되어 있는 것이다. 그러니 계약 이후의 고객 관리는 보험 설계사의 의무이기도 하다. 고객의 상황을 자주 체크하고 혹시라도 일이 생기면 보험금을 챙기는 건 기본이다. 고객의 상황에 맞춰 도움이 되는 정보도 보내 드린다. 아이가 입학할 때가 되면 지역의 학교 정보를 찾아 보내고, 자영업자분들께는 외식 산업 동향을 정리해서 보내 드리는 식이다. 경조사가 생기면 가족 같은 마음으로 달려가고, 생일이나 결혼기념일에는 카드와 선물도 보내 드린다. 비싼 것은 아니지만 마음을 담아서 말이다. 특히 결혼기념일을 맞은 고객께 축하 메시지와 함께 보내 드린 집 근처 영화관의 쿠폰은 아주 반응이 좋았다.

고객을 대상으로 단체 문자를 안 보내는 건 내 오랜 영업 원칙 중 하나다. 문자는 반드시 개별 고객 맞춤형으로 작성한다. "새해 복 많이 받으세요!" 대신 "0 대표님, 올해는 00사업이 완전히 자리를 잡고, 테니스도 더 열심히 치셔서 더욱 건강해지시길 기원합니다!"라고 보낸다. 물론 이렇게 문자를 보내려면 시간이 많이 걸린다. 하지만 고객이 문자를 받고 조금이라도 기분이 좋아진다면 충분히 가치 있는 시간이다.

철저한 고객 관리는 보험 영업인이 롱런하기 위한 필수 조건이다. 더불어 일과 술을 분리할 필요도 있다. 나도 술을 먹긴 하지만, 술을 먹은 상태에서 영업을 하진 않는다. 고객이 술 한잔하며 계약하자고 하면, 그날은 기분 좋게 술만 마시고 계약은 다음에 하자고 말씀드린다. 10년 만기 보험은 자동차보다 비싼 상품이다. 당연히 신중하게 여러모로 따져 봐야 하는데, 술을 먹고 계약하면 문제가 생기기 쉽다. 또한 고객과의 술자리가 잦으면 그날 사무실로 다시 돌아가 하루를 정리하기도, 다음 날 일찍 출근하기도 어렵다. 이러면 루틴이 깨지면서 지속적인 영업 활동이 힘들어진다. 고객과의 술자리를 자주 갖는다고 영업이 잘되는 건 아니다. 오히려 문제의 소지만 키우기 십상이다.

슬기로운 슬럼프 관리도 롱런을 위해 중요하다. 슬럼프는 누구에게나 오기 마련이다. 나도 그랬다. 관건은 얼마나 빨리 슬럼프를 털고 일어나느냐다. 슬럼프에 빠졌다는 후배들에게 내가 하는 조언은 한결같다. "술을 먹든 여행을 가든 하루 종일 게임을 하든다 좋다. 단, 하루를 넘기지 마라." 보험 영업인에게 슬럼프는 잊을 만하면 찾아오는 친구와 같다. 이 친구를 잘 달래서 빨리 보낼 수 있는 자기만의 해결책을 찾아야 한다. 그게 뭐든 상관없으나 가능하면 하루를 넘기지 않는 편이 좋다.

고객 관리에서 슬럼프 극복까지 원칙을 잘 지켜 나가면 원하는 성공이 한층 가까워진다. 사실 원칙은 지극히 상식적인 것들이다. 중요한 건 꾸준히 지켜 나가는 실천력이다. 누구나 원칙을 지키며 노력하면 원하는 성공에 한층 더 가까이 갈 수 있다.

보험 영업은 고객의 삶 속으로 들어가는 것

처음 보험 영업을 시작할 때는 상품을 팔려고만 했다. 그런데 경력이 쌓여 가면서 보험 영업이란 상품을 팔기 전에 고객의 삶 속으로 깊이 들어가는 것이란 사실을 알게 되었다. 고객의 삶을 깊이 있게 들여다봐야 알맞은 상품을 권할 수 있다. 세상에 누구에게나 완벽한 보험 상품은 없으니까. 그렇게 들여다본 고객들의 삶에서 많은 것을 배우고 느꼈다. 내가 만난 고객 대부분은 하루하루를 아주 열심히 살고 있었다. 나름 열심히 살고 있다고 자부하던 내가 가끔은 부끄러워질 만큼. 이런 분들을 만나면 오히려 힘을 얻고, 더 열심히 살아야겠다는 생각이 절로 든다.

내가 열심히 사는 이유는 고객에게 신뢰를 주기 위해서이기도 하다. 실제로 한결같은 내 모습에 친구들의 평가가 달라졌고, 고객들의 지인 소개가 늘었다. 고객의 신뢰에 보답하기 위해 더욱 열심히 살게 되었다. 그 과정에서 고객에게 더 많은 것을 챙겨 드리려고 노력했지만, 생각해 보면 내가 더 많이 받은 것 같다. 아내가 임신했을 때, 가족처럼 허물없이 지내는 지인 5명에게만 소식을 알렸다. 그랬더니 이튿날까지 200통이 넘는 축하 문자가 쏟아졌다. 그중 상당수는 고객들이 보낸 것이었다. 어떤 고객님은 출산 후 산후조리원을 예약해 주고 호박죽도 끓여서 보내 주셨다. 이러니 내가 고객님들께 더욱 잘해 드릴 수밖에.

나는 사무실 동료뿐 아니라 고객도 또 하나의 가족이라고 생각한다. 아내와 아이랑은 주말을, 또 하나의 가족과는 평일을 오롯이 보낸다. 나는 두 가족 모두를 사랑한다. 이들은 모두 내가 오늘을 살아가는 이유다.

송준호
본부장

Dream

본부 전체 그랜드 캐니언 카약킹

헬기 타고 한 바퀴 둘러보는 투어가 아니라, 카약을 타고 일주일 동안 협곡을 누비는 여행을 하고 싶다. 본부 직원 모두가 함께 밤하늘 별을 보며 행복을 느꼈으면 좋겠다. 본부 전체가 미국 그랜드 캐니언 투어를 가는 비용은 대략 20억 정도. 이걸 할 수 있을 정도로 전체 성과가 잘 나오는 것이 본부장으로서의 내 목표이자 꿈이다.

Slogan

어제보다 나은 사람이 되자!

학벌도 스펙도 초반 실적도 남들과는 비교할 수 없을 정도로 부족해서 어제의 나와 비교하기로 마음먹었다. 덕분에 주눅 들지도 교만하지도 않고, 매일 작은 성취감과 행복을 느끼며 성장할 수 있었다. 오늘도 '일신우일신'을 외치며 어제보다 나은 사람이 되기 위해 노력 중이다.

Work

입사 후 첫 3개월은 회사 사무실에서, 다음 3개월은 근처 고시원에서 먹고 자면서 일했다. 그 뒤로 10년 가까이 쉬는 날 없이 하루에 서너 시간만 자고 일했다. 대신 회사 포상 해외여행을 휴가로 삼았다. 아이가 태어난 후부터 토요일은 독박 육아(아내는 하루 휴가), 일요일은 온 가족이 함께 보낸다. 요즘도 평일엔 아침부터 새벽까지 일하고, 부족한 수면은 짧은 낮잠으로 보충한다.

Know-how

모두에게 배우고 꾸준히 실천하기. 철저한 고객 관리는 롱런의 필수 조건이며 일과 술은 분리하는 것이 좋다. 또한 슬럼프가 찾아오면 뭘 해도 좋지만 하루를 넘기지 말 것. 내가 먼저 솔선수범해서 서로 믿고 아끼고 재미있게 일하는 조직 문화를 만들 수 있으면 금상첨화다.

Career

MDRT 1회, COT 6회, TOT 11회(대한민국에서 단 2명뿐인 종신회원) 전 사영업 챔피언 2회, 지점장 챔피언 4회, 본부장 1위 2회, STAR(3W) 300주 이상 달성 중

1972	충남 대전 출생. 아버지는 대기업 사원, 어머니는 가정주부인 평범하고 화목한 가정의 장남
1985	중학교 입학. 공부도 운동도 1, 2등을 다투었음. 학급회장, 아람단 단장 등 대내외 활동도 적극적. 대전에서 '나 모르면 간첩'일 정도로 유명
1988	서울 올림픽이 열린 해에 고등학교 입학. 운동과 친구, 연애에 빠져 성적 급전직하. 성적표를 몰래 버리다 겁이 나서 본드를 먹고 죽을 뻔함
1993	삼수 끝에 대학 입학. 제대 후 정신 차리고 공부해서 두 번이나 편입학 성공. 하지만 게임에 빠져 '피시방 폐인'으로 지냄
1999	1년간의 인턴을 거쳐 쌍용화재 입사. 하지만 비전을 발견하지 못하고 2년 만에 퇴사
2002	메트라이프 입사. 원래는 6월부터 출근 예정이었으나, 그해 서울에서 치러진 월드컵을 다 보고 9월부터 일 시작
2003	지점 꼴찌를 도맡아 하다 우연찮은(?) 자살 시도 후 심기일전. '월급 500만 원'을 달성하고 결혼. 전날 새벽까지 일하고 결혼식장에서 꾸벅꾸벅 졸음
2009	첫 사내 챔피언 달성
2010	KBS <VJ 특공대>에 '연봉 10억 보험왕'으로 출연. 방송에서 '1호 고객'이 되어 주었던 친구를 찾아감
2011	두 번째 사내 챔피언 달성
2012	사내 영업 1위를 고수하던 중, 지점장으로 잡 체인지. FSR 30명 조직의 관리자로 새로운 도전을 시작함
2020	대한민국 보험 역사 101년에 2명뿐인 종신 TOT 달성
2022	서울3본부장으로 FSR 330여 명의 조직을 이끌고 있음. 그중 TOT가 5명, COT 14명, MDRT 52명으로 회사 내 최고 실적을 자랑함

02

보기만 해도
힘이 나는

신병문 FSR

'엄마'
고객들

초등학교 때 집에 '빨간 딱지'가 붙는 일을 겪으며 일찍부터 학업과 알바를 병행했다. 중고등학교 내내 알바를 하며 가톨릭대학교에 입학, 수학과 회계학을 전공했다. 육군 중위로 전역하고 메트라이프 생명보험에 입사한 뒤로 MPC, MDRT, COT를 달성하고 메트라이프 사내 강사를 역임했으며 TOT에 도전 중이다. 늘 한결같은 사람, 아들에게 존경받는 사람이 되기 위해 노력하고 있다. 오늘도 나에게 힘을 주는 고객들과 만날 생각에 설레는 마음으로 하루를 시작한다.

"엄마, 나야 병문이. 식사는 하셨어? 응, 나도 먹었지. 내일 두 시쯤 집에 들를 수 있을 것 같은데, 시간 어떠세요? 아, 잘됐네. 그럼 내일 봐요."

통화 소리를 들은 옆자리 동료가 싱긋 웃는다. 아마 '엄마 잘 챙기는 효자 아들'이라 생각했나 보다. 하지만 다음 전화 내용을 들으면서 고개를 갸웃거리기 시작했다.

"여보세요, 엄마? 잘 지내시죠? 혈압은 괜찮으시고? 나 내일 두 시에 엄마 집 근처에서 일이 있는데…. 일 끝나고 잠깐 들러도 돼요? 왜긴, 엄마 보고 싶어서 그러지, 하하. 네, 네, 그럼 내일 서너 시쯤 찾아뵐게요."

통화가 끝나니 허물없이 지내는 동료가 묻는다. 호기심 반, 놀라움 반이 섞인 눈을 하고서.

"아니, 병문아, 넌 도대체 엄마가 몇 분인 거니?"

"우리 엄마? 당연히 한 분이지! 뭔 소리야?"

"너 방금 다른 엄마들한테 전화 걸어서 내일 간다고 한 거 아냐?"

"아, 내가 전화드린 분들? 맞아, 그분들도 엄마지. 근데 날 낳아 주신 엄마는 아냐."

"그럼?"

"내가 엄마처럼 모시고 있는 고객분들이지! 하하."

내 이야기를 들은 동료는 '별 이상한 놈을 다 보았다'는 표정이다. 맞다. 고객은 엄마가 아니다. 하지만 나에게 고객은, 특히 친하

나는 보험인이다

고 나이가 좀 있는 여성 고객은 엄마와 마찬가지다. 나는 이분들을 '엄마'라고 부르고, 이분들도 스스럼없이 나를 '아들'이라고 부른다. 호칭만 그런 것이 아니다.

특별한 일이 없어도 시간이 나면 '엄마' 고객들을 찾는다. 이분들은 내가 찾아가면 먼저 밥부터 챙겨 준다. 내가 바빠서 끼니를 잘 못 챙겨 먹는 걸 알고 있기 때문이다. 나도 마치 아들처럼 자연스럽게 주방으로 가서 챙겨 주는 밥을 먹는다. 아주 맛있게 먹는다. 그러면서 보험 대신 사는 이야기를 나눈다. 때로는 우리 부모님께 하기 어려운 말을 엄마 고객님에게 하고, 고객님은 자기 자식한테 말하기 힘든 사정을 나한테 털어놓는다. 이런 이야기는 들어 주는 것만으로도 큰 힘이 된다. 가끔 내가 도움이 될 수 있다면 내 일처럼 기쁘다.

떠날 시간이 되면 엄마들은 내 차 트렁크에 텃밭에서 농사지은 푸성귀나 엊그제 담근 김치를 채워 주신다. 진짜 오랜만에 집을 찾은 자식에게 바리바리 먹을 걸 싸 주시는 엄마처럼. 우리 집은 지금까지 김장을 해 본 적이 없을 정도다. 엄마들이 싸 주시는 김치가 언제나 냉장고에 한가득하니 말이다.

보험 일을 시작한 지 11년 차. 솔직히 돈을 보고 업계에 들어왔지만, 가장 큰 수확은 사람을 만난 것이다. 사람 덕분에 웃고, 사람 탓에 울기도 한다. 사람 때문에 상처받으면 사람으로 푼다. 특히 엄마 고객님들은 내 만병통치약이다. 그러니 틈만 나면 찾아갈 수밖에.

돈, 보험을 시작한 이유

당연히 처음부터 이럴 줄은 몰랐다. 내가 보험을 시작한 건 사람을 만나기 위해서가 아니라 돈을 벌기 위해서였으니까. 누구나 돈을 벌기 위해 일하지만, 내게는 특별한 사정이 있었다. 어려서부터 돈에 대한 생각이 남다를 수밖에 없는 그런 사정 말이다. 이런 생각은 초등학생 때부터, 정확히 말하면 초등학교 5학년 때 집에 '빨간 딱지'가 붙으면서 시작되었다.

그전까지 우리 집은 크게 부자는 아니었지만, 별다른 어려움 없이 살아가는 보통 가정이었다. 사는 곳은 울산이었고, 아버지는 현대자동차에 다니셨다. 그때나 지금이나 현대자동차 생산직 정직원은 생활에 큰 어려움이 없었다. 문제는 사람 좋은 아버지가 친구 빚보증을 서면서 시작되었다. 드라마 속 흔한 설정처럼 아빠 친구는 사업이 망하자 잠적했고, 우리 집에는 '빨간 딱지'가 붙었다. 결국 집을 팔고 아버지 퇴직금 중간 정산까지 했지만 빚은 반의반도 갚지 못했다.

그때부터 집안 분위기가 완전히 바뀌었다. 나는 용돈은커녕 준비물을 걱정해야 하는 처지가 되었다. 그나마 아버지가 계속 직장을 다니셨기에 밥을 굶을 정도는 아니었지만, 빚은 갚아도 갚아도 끝이 보이지 않았다. 한창 친구들과 어울릴 나이가 되었지만, 주머니 속에는 백 원짜리 하나 없었다. 친구들이 신고 다니는 브랜드 운동화는 부모님께 이야기도 못 꺼내 볼 사치품이었다.

　나도 친구들이랑 떡볶이도 사 먹고 싶고, 브랜드 운동화도 신고 싶었다. 어린 나이였지만 부모님께 손을 벌릴 수 없다는 사실은 잘 알았다. 그렇다면? 알바를 해서 용돈을 벌자! 그렇게 초등학교 5학년 때 치킨집 전단지 알바를 시작했다. 100장을 돌리면 5천 원을 받았다. 쉽지 않은 일이었지만, 다행히 초등학생이 고사리손으로 건네는 전단지를 어른들은 비교적 잘 받아 주었다. 주말에 하루 종일 돌리면 400장, 2만 원을 벌 수 있었다. 맘씨 좋은 치킨집 사장님 덕분에 전단지를 다 돌리고 들어가면 맛있는 치킨을 공짜로 먹을 수도 있었다.

　이렇게 번 돈으로 친구들과 떡볶이를 사 먹고 브랜드 운동화를 구입해 신었다. 어린 나이였지만 내 손으로 돈을 벌어서 쓰니 왠지 훌쩍 어른이 된 것만 같았다.

'빨간 딱지'와 함께 시작된 알바 인생

　중학교에 들어가서는 좀 더 본격적인 알바 인생이 시작되었다. 특히 친구와 함께 시작한 책방 알바가 아주 괜찮았다. 울산에서 제법 규모가 있는 책방에서 일을 했는데, 당시 최저 임금(시간당 약 1,500원)보다 3배나 많은 시급 4,500원을 받았다. 책을 나르고 정리하는 일이 쉽지는 않았지만, 밖에서 지나가는 사람들에게 전단지를 돌리는 것보단 나았다. 주말뿐 아니라 평일에도 일을 하니 제법 벌이가 괜찮았다.

하지만 자연스레 공부는 뒷전이 될 수밖에 없었다. 초등학교 때는 집안 분위기가 뒤숭숭해서, 중학교 때는 본격적으로 알바를 하느라 성적은 거의 바닥 수준이었다. 그래도 공부를 해야겠다는 생각은 별로 없었다. 학교에서 공부하는 것보다 책방에서 알바하는 시간이 더 보람 있게 느껴지기도 했다. 이렇게 돈을 계속 버는 게 집안에 더 도움이 된다는 생각도 들었다.

그렇게 공부에는 손을 놓은 채 보내던 어느 날, 잠결에 아버지가 들어오는 소리를 들었다. 술을 한잔하고 들어오신 아버지는 거실에 앉아 "아, 진짜 힘들다…. 죽고 싶다."라고 말씀하셨다. 몇 년 간 남의 빚을 갚느라 쌓인 스트레스가 한순간 폭발한 것이었다. 그 말씀을 듣고는 진짜 말 그대로 정신이 '번쩍' 들었다. 내가 무엇을 해야 아버지가 힘이 날까? 역시 알바보다 공부라는 생각이 들었다.

공부하겠다는 결심이 섰지만, 무엇부터 시작해야 할지 몰랐다. 이미 학교 수업은 따라갈 수 없는데, 학원을 다닐 형편은 안 되었다. 고민 끝에 어머니께 학습지를 하고 싶다고 말씀드렸다. 당시 한창 인기를 끌던 '빨간펜' 학습지를 골랐다. 대신 중학교가 아니라 초등학교 5학년 과정부터 시작하기로 했다. 집안에 빨간 딱지가 붙고 알바를 시작한 초등학교 5학년 때부터 학교 공부는 거의 손을

나는 보험인이다

놓았기 때문이다.

결과적으로 좋은 선택이었다. 이때 친구 따라 학원에 갔으면 그냥 들러리만 섰을 것이다. 그렇다고 초등학생들과 함께 학원에 다니는 건 여기저기 눈치가 보여 차마 할 수 없었다. 내 수준에 딱 맞는 과정을 배우면서, 일주일에 한 번씩 빨간펜 선생님이 집으로 찾아오니 눈치 볼 것 없이 편한 마음으로 공부할 수 있었다. 공부할 동기가 확실했으니 누구보다 열심히 했고 곧 중학교 수준으로 진도를 맞출 수 있었다. 바닥을 기던 성적도 점차 오르기 시작했다.

중3 때 막노동을 하며 배운 것들

공부를 다시 했지만, 알바를 그만둔 건 아니었다. 평일에는 공부를 해야 하니 주말에만 알바를 했다. 그러니 보통 알바로는 원하는 만큼 돈을 벌 수가 없었다. 그래서 비슷한 처지의 친구와 함께 건설 현장에서 막노동을 시작했다. 다행히 중학교 3학년에 올라갈 무렵, 내 덩치는 웬만한 어른만큼 자라 있었다. 직업소개소에 대학생이라고 말하면 신분증을 확인하지도 않았다. 같이 일하는 아저씨들도 별로 의심하는 눈치가 아니었다. 그냥 올해 대학교에 입학해서 등록금을 벌려고 나왔다고 하면 대견하다며 격려해 주었다.

다만 한 가지, 점심 때 아저씨들이 꼭 술을 권하는 것이 곤혹스러웠다. 건설 현장에선 점심에 으레 막걸리나 소주가 함께 나왔다. 거의 모든 아저씨들이 반주를 하면서 점심을 먹었다. 나한테도 이제 대학생이 되었으니 술도 마셔야 한다면서 막걸리를 권했다. 생전 처음 마셔 보는 술은 쓰디썼다. '도대체 어른들은 이런 걸 왜 마실까' 하는 생각이 들 정도로. 하지만 마시지 않으면 의심을 살까 봐 한두 잔은 주는 대로 받아 마셨다. 그러다 아저씨들과 함께 시멘트 바닥에 누워 잠시 눈을 붙이고, 다시 일어나 일을 하는 생활이 반복되었다.

이렇게 종일 먼지 구덩이 속에서 일하고 나면 하루 일당으로 6만 원을 받았다. 그중 직업소개소에 8천 원을 떼어 주고 실제로 손에 쥐는 돈은 5만 2천 원. 전단지를 돌리거나 책방에서 일하고 받는 돈과는 느낌이 전혀 달랐다. 이건 그야말로 나를 갈아 넣은 대가로 받는 기분이었다. 새벽에 나가 저녁에 먼지투성이가 되어 집에 들어오면 바로 화장실로 달려가 씻기부터 했다. 먼지도 먼지지만 혹시라도 어머니가 술 냄새 난다고 하실까 걱정이 되어서였다.

쏴 하고 물을 틀어 놓고 세면대 위 거울을 보면 먼지와 피곤에 찌든 모습이 다른 사람처럼 느껴졌다. 그럴 때면 나도 모르게 눈물이 났다. 설움이 북받쳐 펑펑 울었다. 다행히 물소리가 크니 어머니께 들킬 염려는 없었다. 왜 그렇게 설움에 겨웠을까? 지금 생각해 봐도 잘 모르겠다. 집에서 막노동을 하라고 등을 떠민 것도 아닌데 말이다. 그렇게 중3 때 막노동을 뛰면서 평생 흘릴 눈물을 다 흘린

나는 보험인이다

것 같다. 그러면서 돈과 인생, 성공에 대한 나름의 가치관을 세워 나가게 되었다.

자동차 공장 알바에서 고액 과외 강사로

고등학생이 된 뒤에는 알바 수준(?)도 한 단계 올라갔다. 친구 삼촌의 소개로 현대자동차에서 일하게 된 것이다. 물론 주말이나 방학을 주로 이용했다. 평일에는 하루 5만 원, 야근은 5만 5천 원, 특근은 8만 원을 벌었다. 일이 쉽지는 않았지만 막노동에 비할 바는 아니었다. 그러다 고2 때, 드디어 아버지의 빚을 다 갚았다. 온 가족이 7년 동안 힘을 모은 덕분이었다. 하지만 이후에도 내 알바는 계속되었다. 이제 내 생활은 일하면서 돈을 버는 것과 떼려야 뗄 수 없게 되었다. 부모님께 용돈을 받는다는 건 어색했다. 더구나 빚을 다 갚은 우리 가족에게는 새로운 목표가 생겼다. 잘못 선 보증으로 잃은 우리 집을 다시 찾는 것이었다.

알바를 하면서도 나름 열심히 공부한 덕분에 재수하지 않고 바로 대학에 들어갈 수 있었다. 가톨릭대학교 수학과. 교직을 이수해 수학 선생님이 되고 싶었다. 당연히 대학 때도 알바를 쉬지 않았다. 처음에는 학원에서 일했다. 하지만 대학생 신분의 동네 학원 강사는 생각보다 급여가 너무 적었다.

여기저기 수소문해 개인 과외를 시작했다. 처음 맡은 학생은 다른 과목은 잘하는데 수학만 못하는 고등학생이었다. 과외를 시작하기 전 수학 성적이 전교 100등 밖이었다. 그런데 나와 같이 공부하고 난 뒤에 처음 본 시험에서 수학 성적이 전교 3등으로 올랐다. 그야말로 로켓처럼 수직 상승한 것이다. 나도 열심히 가르치고 아이도 잘 따라왔지만 운도 좋았다. 학생 부모님이 엄청 기뻐하신 것은 물론이다.

다음 달부터 과외비도 수직 상승했다. 내가 요청하지도 않았는데, 35만 원이던 과외비가 80만 원이 되었다. 행운은 여기서 그치지 않았다. 학생 부모님이 지인들에게 나를 소개해 주셨다. 사업을 하는 분이라 지인들도 여유가 있는 편이었다. 새로 맡은 학생들은 과외비가 80만 원부터 시작했다. 알바로 잔뼈가 굵은 나는 과외를 하면서도 성실했고, 덕분에 맡은 학생들은 대부분 성적이 올랐다.

과외를 시작한 지 몇 달이 안 되어 나는 '고액 과외 강사'가 되었다. 한 달 수입만 평균 4백만 원이 넘었다. 삼성전자 대졸 초임이 2백만 원쯤 하던 시절이었다. 정말 열심히 돈을 벌었다. 그렇게 나를 포함한 우리 가족 모두 계속 열심히 일한 덕분에 대학 때 우리는 다시 집을 살 수 있었다. 마침내 아버지의 잘못된 빚보증 이전으로 돌아간 셈이다. 어려운 시절을 겪으며 우리 가족은 더욱 서로를 사랑하게 되었고, 나는 일과 공부를 병행하며 성장했다. 그리고 돈과 성공에 대해 확고한 가치관을 갖게 되었다.

직업 군인이냐, 아니냐

대학 2학년 때 학군단(ROTC)을 지원한 것에도 당시 100만 원이 훌쩍 넘었던 장교 월급이 크게 작용했다. 이왕 갈 군대라면 월급 10만 원도 안 되는 사병으로 가느니, 그보다 열 배는 더 받는 장교로 가는 것이 당연했다. 더구나 내가 다니던 가톨릭대학에는 학군단이 있어서 들어가기만 하면 장교가 될 수 있었으니 안 할 이유가 없었다.

오랜 시간 일과 학업을 병행하느라 꽉 짜인 스케줄에 맞춰 움직인 덕분인지 규율에 따라 움직이는 군 생활이 적성에 잘 맞았다. 군 생활도 알바하듯 열심히 했다. 군에 있는 동안 좋은 사람을 많이 만나서 남들은 힘들어하는 훈련도 즐겁게 했다. 이런 내 모습을 잘 봐준 선임 장교들은 학군단 장교를 넘어 직업 군인이 되어 보라고 제안하기도 했다. 나도 직업 군인이 되면 좋겠다고 생각했다. 안정적이고 복지 혜택도 좋고 적성에도 잘 맞았기 때문이다.

하지만 막상 직업 군인이 되려고 하자 이전까지는 몰랐던 문제가 보였다. 바로 '출신 성분에 따른 진급 차이'였다. 선임 장교들을 보니 육군사관학교냐, 삼군사관학교냐, ROTC냐에 따라 실력이나 노력과 상관없이 진급 속도가 달랐다. 그중 나와 같은 ROTC 출신들은 결코 진급에서 유리하지 않았다. 모두 그런 것은 아니었지만, 대부분 아무리 열심히 해도 분명히 한계가 보였다.

한창 고민하던 때, 상사인 포대장님이 술을 한잔하자고 했다. 평소 잘 대해 주시던 포대장님은 술을 따라 주시면서 무슨 고민이 있는지 물었다. 아무래도 진로를 고민하는 티가 났나 보다. 기왕 물어봐 주신 김에 마음속 생각을 솔직히 말씀드렸다. 적성에도 맞고 사람들도 좋아서 직업 군인으로 남고 싶은데, 아무래도 육사 출신이 아니라 진급이 걱정된다고 했다. 포대장님은 육사 출신이었지만 내 마음을 이해한다며 고개를 끄덕이셨다. 그러면서 육사를 가기 위해 본인이 어떤 노력을 하고, 육사를 다니면서는 엄격한 규율에 따라 생활하느라 얼마나 고생했는지 말씀해 주셨다. 훈계조가 아니라 친한 형이 자기 옛날이야기를 들려주듯 조곤조곤 말씀하셨다.

그 말씀을 들으니 술이 확 깼다. '다른 사람이 보기엔 특혜를 받는 것처럼 보이는 육사 출신들이 이렇게 열심히 생활해 왔구나. 내가 ROTC에서 받은 훈련은 정말 아무것도 아니었구나. 만약 내가 직업 군인의 길을 택한다면 육사 출신들보다 몇 배나 노력하는 수밖에 없겠구나….' 숙소로 돌아와 밤새도록 생각에 잠겼다. 과연 직업 군인으로 성공할 수 있을까? 노력할 자신은 있으나 장성급까지 올라갈 확신은 없었다. 부옇게 날이 밝아 올 무렵 결론을 내렸다. 의무 복무 기간을 마치면 전역하기로. 아직 1년쯤 남았으니 무엇이든 제대로 준비할 수 있을 것 같았다.

은행, 증권사 그리고 보험사

전역을 염두에 두고 제일 먼저 알아본 것은 은행원이 되는 길이었다. 대학 입학 때 꿈꾸었던 수학 선생님은 이미 내 미래가 아니었다. 여기에는 대학생 신분으로 고액 과외를 했던 영향이 컸다. 열심히 하는 만큼 대가를 얻을 수 있는 직업을 원했다. 가르치는 보람만으로는 부족했다. 성취감은 물질적인 보상으로 이어져야 했다. 그래서 임관 전 은행 입사를 준비했었다.

지금도 그렇지만 당시에도 은행은 연봉이 높았다. 임관 전에는 천천히 알아보며 차근차근 준비하는 수준이었지만, 전역을 앞둔 시점엔 무엇이든 실전이어야 했다. 정보를 수집하고 필요한 자격증을 하나씩 따면서 은행에 먼저 입사한 선배들을 찾아다녔다. 다행히 선배들은 작은 인연에 기대 찾아온 후배를 따뜻하게 맞아 주고 무엇이든 열심히 알려 주었다.

그런데 신기하게도 은행마다 대우도 분위기도 배우는 것도 모두 달랐다. 하지만 한 가지 공통점이 있었다. 입사뿐 아니라 승진에서도 학벌이 중요하다는 것. 사회도 군대와 별반 다르지 않았다. 은행과 같이 준비한 증권사도 마찬가지였다. 우리나라가 학벌 사회라는 사실을 뼈저리게 깨닫는 순간이었다.

내 고민을 알게 된 선임 장교 한 분이 보험사를 권했다. 보험사야말로 학벌이 전혀 필요 없는, 오로지 노력과 실력만으로 성공할 수 있는 분야라고 했다. 하지만 보험사는 계획에 없었다. 뚜렷한 이유는 없었지만, 보험사는 내가 갈 만한 곳이 아니라고 생각했다. 대한민국 보통 사람들이 가지고 있는 보험사에 대한 선입견을 나 또한 갖고 있던 탓이었다. 하지만 평소 믿고 따르던 분들이 잇따라 보험사를 권하자 일단 알아는 보자는 생각이 들었다. 꼼꼼히 알아보고 난 뒤에 판단해도 늦지 않을 테니까. 여전히 선입견을 가진 채로 보험사 지점장이란 분을 만나게 되었다.

첫 미팅에서 궁금한 점들을 물어보고 자세한 설명을 들었지만, 오히려 의문은 더 커졌다. 무엇보다 일을 시작한 지 5년 만에 지점장이 되었다는 사실을 이해하기 어려웠다. 내가 알아본 은행과 증권사의 지점장은 보통 20~30년 차는 되어야 올라갈 수 있는 자리였다. 마치 다단계 회사 같다는 느낌이랄까? 다만 한 가지 인상적인 점이 있었다. 내가 만난 보험사 지점장님은 미팅 때나 회사에서 일할 때나 언제나 즐거운 모습이었다. 만날 때마다 늘 그랬다. 그렇게 몇 번을 만나고 나자 이 일을 한번 해 보고 싶다는 생각이 들었다. 이렇게 열심히 즐겁게 일하는 분의 말이라면 믿어도 좋지 않을까. 학벌이 아니라 노력과 실력이 인정받는 곳에서 나만의 성공 스토리를 써 보고 싶었다.

아버지, 1년만 죽어라 일해 볼게요

　은행이나 증권사에 곧 취직할 것만 같던 아들이 갑자기 보험사를 들어가겠다고 하자 부모님은 펄쩍 뛰셨다. 평생을 안정적인 대기업에 다니셨던 아버지가 특히 그랬다. "보험사에 갈 거라면 연락도 하지 마라."라고 말씀하실 정도였다. 내가 생각한 보험사의 장점을 말씀드리는 것으론 설득이 어려워 보였다. 그래서 아버님 이야기를 조용히 듣고 있다가 딱 한 말씀만 드렸다.

　"아버지, 저 딱 1년만 죽어라 해 볼게요. 그래도 안 되면 은행이건 증권사건 다시 도전해 보겠습니다."

　어려서부터 알바와 학업을 병행하느라 고생한 아들이 이렇게까지 이야기하니 아버지도 더는 말씀이 없으셨다. 이렇게 시작한 보험사 생활이었으니 열심히 하지 않을 도리가 없었다. 하루 종일 교육을 받고 저녁에 들어오면 새벽까지 혼자서 배운 내용을 연습하고 공부했다. 교육이 끝난 뒤에는 더욱 열심히 일했다. 상담을 준비하고, 고객을 만나고, 하루를 정리하고 다시 내일을 준비하는 동시에 새로운 고객을 소개받고 보험과 금융 공부도 계속했다. 몸이 두 개라도 모자랄 만큼 바빴다. 나중에는 출퇴근 시간도 아까워 회사에서 자는 일도 많았다. 새벽까지 일하다 자리에서 잠들면 청소하는 아주머니가 깨워 주는 것이 일상이 되었다.

　그런데 함께 입사한 분들 중에 이렇게 생활하는 사람이 나 말고도 여럿이었다. 아마도 모두가 비슷한 각오였으리라. 덕분에 하루 서너 시간밖에 못 자도 그렇게 힘들지 않았다. 나뿐 아니라 주위 사람들도 어마어마한 열정을 품고 죽기 살기로 일하니 대단한 시너지가 생겼다. 밖에서 아무리 힘든 일이 있어도 회사만 들어오면, 동료들 얼굴만 보면 다시 힘이 날 정도였다. 이렇게 1년을 보내고 나니 기대보다 훨씬 더 큰 성과를 거둘 수 있었다. 이런 모습을 본 가족들도 나의 보험사 생활을 응원해 주었다.

나는 보험인이다

든든한 버팀목이 되어 준 '군대 계모임'

　초창기 영업에서 실질적으로 큰 도움이 된 것은 함께 군 생활을 했던 동료들이었다. 나는 군대가 체질(?)이었던 터라 군 생활을 하는 동안 동료, 선후배와 유대 관계가 좋았다. 그래서 전역을 얼마 앞두고 헤어지기 아쉬웠던 동기들과 계모임을 만들었다. 나와 같은 장교뿐 아니라 부사관들도 함께했다. 평소에 부사관들을 잘 챙겨 주면서 그들의 마음을 얻은 덕분이었다. 우리가 계모임을 만든다는 소식을 듣고는 현역 장교와 부사관도 여럿 참여했다.

　전역 이후 가진 첫 모임에는 제법 많은 사람이 모여서 그동안의 안부를 묻고 근황을 나눴다. 나는 보험사 생활을 전하면서 자연스럽게 그동안 알게 된 보험과 금융 정보를 덧붙였다. 전현직 군인들에게 꼭 필요한 맞춤 정보를 준비했음은 물론이다. 평소 인간적인 신뢰가 쌓인 데다 본인에게 필요한 정보까지 더해지니 계약과 소개가 이어졌다. 나중에는 우리 부대뿐 아니라 다른 부대 장교와 부사관들도 내 고객이 되었고 그들의 가족까지 내 고객 리스트에 올랐다. 첫 엄마 고객이 생긴 것도 이 무렵이었다. 친구처럼 지내던 군대 동료의 어머니와 친근한 관계를 맺으면서 엄마라고 부른 것이 시작이었다.

　스물여섯 살, 남들보다 일찍 시작한 보험 영업이라 가망 고객군이 넓지 않았던 내게 군대 시절 동료와 선후배들은 든든한 버팀목이 되어 주었다. 덕분에 쉽지 않은 보험업계에 비교적 잘 정착할 수 있었다. 모두가 군 시절 내 모습을 보고 흔쾌히 고객이 되어 준 동료와 선후배들 덕분이다. 자신은 여러 사정상 고객이 되지 못하더라도 다른 사람을 소개해 준 경우도 많았다. 군대에서 인연을 맺은 이들과는 지금도 정기적으로 모임을 가지면서 좋은 관계를 유지해 나가고 있다.

나만의 영업 노하우로 일군 '환상적인 유지율'

일을 시작하고 한 해 두 해 시간이 흐르면서 나만의 영업 노하우도 조금씩 쌓여 갔다. 처음에는 일면식도 없는 고객과의 상담이 어색하고 어려웠는데, 지금은 미리 쓴 편지로 이런 걸림돌을 쉽게 넘어선다. 편지에는 보험 상품 소개 대신 간단한 자기소개와 함께 오늘 만남이 나한테 어떤 의미가 있는지, 고객님께 어떤 이야기를 듣고 싶은지 등을 담는다. 섣불리 무언가 약속하기보다는 진솔한 마음을 보여 주는 것에 중점을 둔다.

편지를 전달하는 타이밍도 중요하다. 카페에서 첫 상담이 이루어진다면 인사를 나누고 음료를 주문하러 가면서 준비한 편지를 드린다. 그러면서 "오늘 미팅을 준비하면서 쓴 편지입니다. 제가 음료를 가져오는 동안 잠시 읽어 주시면 감사하겠습니다."라는 말을 덧붙인다. 첫 상담에 나오는 고객은 나름의 부담과 스트레스를 갖기 마련이다. 하지만 편지를 읽는 동안 대부분은 긴장이 풀리면서 마음을 열게 된다. 뜻밖의 선물을 받은 기분이라는 고객도 있었다. 이렇게 좋은 분위기에서 상담을 시작하면 이미 절반은 성공한 셈이다.

원래 내성적인 성격도 영업의 장점으로 만들었다. 처음엔 이런 성격이 영업에 불리한 것 같아 고쳐 보려고도 했다. 하지만 오히려 영업에 도움이 될 수 있다는 사실을 깨달았다. 나는 내성적이고 낯을 가리는 만큼 한번 사귀면 깊이 사귄다. 고객과의 사이도 그렇게 만들었다. 일단 관계를 맺으면 깊이, 가족에게 못 할 말도 허심탄회하게 털어놓았다. 이런 영업 방식은 폭발력은 부족한 대신 지속성이 좋았고, 결과적으로 누구보다 높은 계약 유지율로 이어졌다.

보험 영업에서는 여러 건의 고액 계약도 좋지만, 기존 계약 유지가 훨씬 더 중요하다. 2022년 생명보험업계 자료에 따르면 24개 생명보험사의 생명보험 가입자 가운데 2년 이상 계약을 유지하는 비율은 66.7%였다. 하지만 2022년 현재 내가 유치한 고객들의 2년 이상 계약 유지율은 99.5%다. 동료들은 이를 '환상적인 유지율'이라고 부르면서 부러워한다. 물론 높은 유지율을 지속하기 위해선 깊은 관계 말고도 여러 노력이 필요하다.

우선 무리한 계약 대신 고객 니즈와 상황에 맞는 상품을 추천하고, 꾸준하고 철저하게 관리하는 것이 필수다. 나는 고객 요청에 최대한 바로 응답한다. 혹시 사정이 있어 전화를 놓치면 반드시 콜

백한다. 또한 고객에게 무슨 일이 생기면 직접 가서 처리하는 것을 원칙으로 한다. 특히 안 좋은 일이라면 만사를 제치고 달려간다. 지방에 계신 고객 중 한 분이 안타깝게도 유산을 여러 번 하셨는데, 그때마다 찾아가서 고기를 사 드렸다. 고객님보다 남편분이 더 좋아하는 모습을 보니 뿌듯했다.

토요일마다 금융 시장 동향을 꼼꼼히 알려 드리는 주간 리포트도 유지율을 높이는 데 도움이 된다. 얼핏 대단하지 않아 보일 수 있지만, 빼먹지 않고 꾸준히 하다 보면 고객들의 신뢰가 쌓인다. 한 주도 거르지 않고 주간 리포트를 보내 드린 지 벌써 10년이 넘었다. 얼마 전 미국 출장을 갔을 때도 새벽에 일어나 시간에 맞춰 주간 리포트를 보냈다. 이렇게 꾸준히 신뢰를 쌓은 덕분에 시장이 안 좋을 때도 고객의 불안감을 줄일 수 있었다. 이런 노력들이 모여서 '환상적인 유지율'로 결실을 맺은 것이다.

반복에 지치지 않기 + 전략을 세워서 쉬기

내가 보험 영업을 하면서 가장 중요하게 생각하는 원칙이 있다. "반복에 지치지 않는 자가 성취한다!" 나의 카카오톡 상태 메시지이자 좌우명이기도 하다. 입사 이후 10년이 넘는 시간 동안 이 원칙이 통하는 것을 현장에서 숱하게 경험했다. 보험 일이란 어찌 보면 반복의 연속이다. 상담이 계약으로 연결되는 반복이라면 그래도 힘이 나겠지만, 보통은 거절이나 보류가 더 많다. 힘이 나는 반복보다는 힘이 빠지는 반복이 더 많다는 이야기다. 처음에는 특히 더 그렇다. 결국 반복에도 지치지 않는 사람만이 보험업계에서 원하는 바를 이룰 수 있다.

생각해 보면 이는 보험에만 적용되는 원칙이 아니다. 무슨 일이건 제대로 자리를 잡기까지는 꾸준한 반복이 필요하다. 흔히 이야기하는 '1만 시간의 법칙'이 바로 그것이다. 무슨 일이든 전문가가 되기 위해서는 1만 시간 이상의 반복 연습이 필요하다는 이야기다. 사실 전문가가 된 이후에도 반복 연습은 필수다. 20세기 음악의 위대한 마에스트로 레너드 번스타인은 이렇게 말했다. "하루를 연습하지 않으면 내가 알고, 이틀을 연습하지 않으면 아내가 알고, 사흘을 연습하지 않으면 청중이 안다." 보험 영업도 마찬가지다. 업계에서 성과를 내는 사람들은 모두 매일의 반복에도 지치지 않는 이들이다.

그런데 롱런하려면 반복에 지치지 않는 것 말고도 하나가 더 필요하다. 집중해서 일하고 쉬는 날에는 푹 쉬는 것이다. 그래야 다시 시작할 힘을 얻을 수 있다. 나는 일을 시작하고 처음 몇 년 동안은 쉬는 날 없이 일했다. 일이 많기도 했지만 도무지 불안해서 하루도 쉴 수가 없었다. 그런데 영업에서 관리직으로 갔다가 다시 영업을 하면서 변화가 시작되었다. 당시 나에게 멘토링을 해 주셨던 지점장님이 "일요일은 무조건 쉬어라!"라는 지상 명령(!)을 내렸기 때문이다. 이분은 일주일에 단 이틀만 일하고도 최고의 영업 실적을 달성한 일화로 유명한 분이었다. 정확하게는 이틀만 고객 상담과 계약에 할애하고, 3일은 금융을 비롯한 여러 가지 공부를 통해 자기 개발을 하고, 주말은 가족과 함께 보낸단다.

직접 실천했던 분의 조언이니 일단 따라 보기로 했다. 일을 더 하고 싶어도 일요일에는 무조건 집에서 쉬었다. 불안해도 참고 쉬었다. 그러자 묘한 일이 벌어졌다. 월요일 아침이면 일이 하고 싶어서 새벽부터 눈이 저절로 떠진 것이다. 덕분에 월요일의 업무 집중도가 올라가면서 평소보다 훨씬 더 많은 일을 처리할 수 있었다. 다른 요일에도 적용해 보니 실적이 이전보다 좋아졌다. 결국 그해 처음으로 MDRT를 달성할 수 있었다.

기쁜 마음으로 멘토님을 다시 찾으니 또 다른 주문을 했다. "이젠 토요일에도 쉬어라!" 남들 쉬는 만큼 똑같이 쉬고도 성공할 수 있을까? 반신반의하면서도 일단 따랐다. 물론 무작정 쉬기만 한 것은 아니었다. 멘토님과 함께 내 업무 스타일을 분석하면서 평일의 업무 집중도를 높이기 위한 구체적인 전략을 수립했다. 그렇게 다시 한 해가 끝날 무렵, 전해보다 무려 2배의 실적을 달성할 수 있었다.

더욱 기쁜 마음으로 멘토님을 찾아가니 이번엔 "금요일도 쉬어라!"라고 말씀하셨다. 다시 한번 철저히 전략을 세운 후에 금요

나는 보험인이다

일은 온전히 자기 개발에 투자했다. 그랬더니 더욱 놀라운 일이 벌어졌다. 실적이 더 좋아져서 COT를 달성한 것이다. 심지어 회사에서 지원하는 해외여행을 한 해 동안 11번이나 가고도 말이다.

코로나19 사태 이후로는 금요일에 다시 일을 하게 되었지만, 요즘도 주말은 온전히 가족과 함께 보낸다. 최근에는 아내가 공무원 시험을 준비하면서 육아의 상당 부분이 내 몫이 되었다. 그러면서도 실적은 점점 좋아져서 COT를 넘어 TOT를 눈앞에 두고 있다. 모두가 충분한 휴식을 취하면서 구체적인 전략을 통해 업무 집중도를 높인 덕분이다.

돈을 보고 왔다가 사람을 만나다

후배들에게 자주 하는 말이 있다. 보험업계는 돈을 보고 와서 사람을 만나는 곳이라고. 나도 그랬다. 돈을 벌고 성공하기 위해 들어왔지만, 여기서 만난 사람들을 훨씬 더 소중하게 생각한다. 그중에는 직장 선후배도 있지만, 무엇보다 내가 만난 고객들이 그렇다. 앞서 이야기한 엄마 고객들 말고도 정말 소중한 분들이 많다.

보험사에 입사하고 처음으로 계약을 맺은 '1호 고객'은 더욱 특별할 수밖에 없다. 더구나 그 고객이 군대 시절 나와 같은 방을 썼던 룸메이트라면 말이다. 이 친구와는 군대에서 만나 아주 친해졌다. 나와 비슷한 시기에 전역해서 곧장 대기업 취업에 성공할 만큼 열심히 살았다. 내가 보험사 명함을 들고 찾아갔을 때도 흔쾌히 1호 고객이 되어 주었다.

그렇게 7년쯤 흘러, 같이 군 생활을 했던 동료들과 회식을 한 뒤의 일이었다. 집이 비슷한 방향이었던 친구와 나는 잠시 산책을 했다. 그런데 갑자기 친구가 이런 말을 했다.

"나 정말 열심히 산다, 병문아…."

조금 뜬금없는 말에 속으로 생각했다. '이 친구 요새 뭐 힘든 일이 있나?' 그러면서 약간 건성으로 맞장구쳐 주었다.

"아, 그럼 너 열심히 사는 거야 내가 잘 알지. 벌써 예쁜 딸도 둘씩이나 생겼으니 오죽 더 열심히 살겠냐? 하하."

내 말을 들은 친구는 웃음기 없는 진지한 표정으로 말을 이었다.

"사실 나 너한테 부끄러운 친구가 되지 않으려고 열심히 사는 거야. 너 사는 거 반만이라도 쫓아가려고 말이야."

나의 열심과 진정성을 인정해 주는 친구의 말을 들으니 눈물이 왈칵 쏟아질 것만 같았다. 그동안 힘들게 쏟아부은 노력을 한 방에 보상받는 기분이었다. 이렇게 나를 믿고 좋아해 주는 친구, 아니 1호 고객님을 위해 더욱 열심히 살아야겠다고 다짐했다.

'보험금 지급'이라는 보람

보험 일을 하면서 가장 보람 있는 순간 중 하나는 고객분들께 보험금을 지급해 드릴 때다. 내가 꼼꼼히 챙기고 노력해서 더 많은 보험금을 챙겨 드리게 되었을 때는 더욱 보람 있다. 최근에도 그런 일이 있었다. 지방에 사는 고객인데, 처음 계약을 맺은 보험 설계사가 퇴사해 내가 관리하게 되었다. 보통 이런 고객을 '블루 고객' 혹은 '고아 고객'이라고 부르는데, 아무래도 상대적으로 관리가 소홀해지기 쉽기 때문에 더 신경을 쓰고 있다.

이분의 보험금 청구를 도와드렸는데, 보험금이 생각보다 적게 나왔다는 연락을 받았다. 서류를 확인해 보니 고객님은 분명 항암 치료까지 받았는데, 질병은 암이 아닌 다른 것으로 되어 있었다. 그래서 다음 진료일엔 내가 직접 병원까지 가서 고객님과 동행했다. 함께 담당 교수님을 뵙고 상황을 설명드렸더니 본인도 이상하다고 하면서 서류가 잘못되었다고 말씀하셨다. 병원 업무 처리 과정에서 실수가 있었던 것이다.

그래서 질병 코드를 암으로 변경한 후에 산정특례제도(암 등 중증 질환에 본인 부담률을 줄여 주는 제도)를 적용받으려고 했다. 그런데 병원 측에서는 코드 변경은 가능하지만, 이미 수술 후 90일이 지났기 때문에 소급 적용은 어렵다고 했다. 명백히 병원 측의 실수로 벌어진 일이니 당연히 소급 적용이 되어야 한다고 말했지만,

병원 측은 막무가내였다. 결국 원무과에서 1시간이나 싸우듯 따지고 나서야 병원 측이 전부 책임지고 해결하겠다는 말을 들을 수 있었다. 이 모습을 지켜본 고객님 가족분들은 너무 고마워하셨다.

나는 보험금을 다시 청구했고, 본인 부담 병원비도 소급해서 줄였다. 둘을 더하니 2억 이상의 추가 혜택을 볼 수 있었다. 덕분에 이 고객뿐 아니라 가족 모두 새로운 보험 계약을 하게 되었다.

내가 1천만 원이 넘는 고액 보험금을 처음으로 지급해 드린 고객은 우리 아버지였다. 보험 일을 하는 아들을 탐탁하지 않게 여긴 아버지는 내가 입사하고 꽤 시간이 지나서야 아들이 권하는 보험에 가입하셨다. 그런데 보험에 가입하고 2년쯤 지난 뒤 아버지가 췌장암 진단을 받으셨다. 물론 아버지가 처음 암 진단을 받았을 때는 큰 충격을 받았지만, 그래도 내가 권해 드린 보험 덕분에 충분한 보험금을 받고 치료에 전념할 수 있었다. 보험 일을 하는 보람을 다시 한번 느낀 순간이었다.

5분 빨리 가는 시계의 가르침

보험사에서 일하는 장점 중 하나는 다양한 사람을 만날 수 있다는 것이다. 다른 회사였으면 비슷한 분야의 사람들만 만나기 쉬운데, 보험 영업은 오히려 그 반대다. 덕분에 세상을 보는 시야도

넓어지고, 공감 능력도 커진 듯하다. 내성적이던 성격이 외향적으로 바뀐 것은 덤이었다.

내가 자기 분야에서 나름의 일가를 이룬 분들을 만나면 꼭 묻는 질문이 있다.

"고객님은 제 나이 때 어떻게 사셨길래, 이렇게 성공하실 수 있었습니까?"

이런 질문을 받으면 보통 "나 정도는 성공한 것도 아니다."라고 손사래를 치면서도 자신만의 성공 노하우를 알려 주신다. 그러면 나는 그 노하우를 기억해 놓았다가 내가 할 수 있는 일이면 당장 실천에 옮긴다.

한번은 재미있는 답변을 들었다. 꽤 큰 사업체를 운영하는 대표님이셨는데, 자신의 성공 비결을 '5분 빨리 가는 시계'라고 말씀하셨다. 젊을 때부터 모든 시계를 5분 빠르게 맞춰 놓고 생활한다는 것이다. 덕분에 남들보다 무엇이든 5분 먼저 하게 되었고, 지금의 성공을 이룰 수 있었단다. 그 이야기를 듣고 집에 오자마자 가지고 있는 시계를 몽땅 5분 빨리 맞춰 놓았다.

몇 번의 미팅 뒤에 그 고객님은 꽤 큰 금액의 계약을 하기로 했다. 드디어 계약서에 사인하고, 고객님은 내 눈을 보더니 씩 웃으며 질문을 던졌다.

"내가 왜 병문 씨한테 이렇게 큰 계약을 했는지 알아요?"

"네, 그건…. 아무튼 감사합니다!"

"하하, 병문 씨가 그렇게 감사할 일도 아니에요. 난 병문 씨에게 투자한 거니까요. 병문 씨는 투자할 만한 가치가 있는 사람이라고 판단한 거죠."

"네?"

어리둥절해하는 나를 보더니 고객님은 대답 대신 내 시계를 가리켰다.

"그 시계 말이에요. 5분 빨리 가는 시계. 사실 제가 5분 빨리 가는 시계 덕분에 성공했다는 이야기를 들려준 사람이 제법 많아요. 병문 씨 같은 보험 영업인도 있었고, 우리 회사 직원도 있었고, 또 다른 인연으로 만난 사람도 있었죠. 그중에는 내 이야기를 듣고 자기 시계를 5분 빨리 맞춰 놓는 사람도 있었어요. 하지만 병문 씨처럼 만날 때마다 그 상태를 유지하는 사람은 거의 보지 못했어요. 이렇게 작은 일부터 꾸준히 실천하니, 병문 씨는 틀림없이 투자할 가치가 있는 사람이에요."

작은 실천이 결코 작지 않은 성과를 낳은 셈이다. 지금도 내 손목 시계는 5분 빨리 움직이고 있다.

두바이 갑부들에게 배운 교훈

공자님은 "세 명이 걸어가면 그중에 반드시 내 스승이 한 명은 있다."라고 하셨다는데, 나는 고객을 모두 스승으로 여긴다. 가끔 별로 따라 하고 싶지 않은 모습을 보이는 분을 만나도 마찬가지다. 이런 분은 반면교사로 삼을 만한 훌륭한 스승이 된다. 특히 나이가 많은 분들이 오히려 자산에 집착하는 모습을 보면서 나는 가족의 소중함을 배우게 되었다. 이런 분들일수록 가족과 불화하는 경우가 많았기 때문이다. 자산이 많지만 검소하게 살면서 남에게 베푸는 분들은 대부분 가족과도 사이가 좋았다.

이는 우리나라뿐 아니라 다른 나라 부자도 비슷한 것 같다. 한 번은 회사 캠페인 포상으로 두바이 여행을 간 적이 있었다. 가이드분에게 두바이의 억만장자는 행복한지 물었다.

"돈에 집착하는 부자들은 행복하지 않습니다. 아무리 돈이 많아도 만족할 줄 모르니까요. 결국 그들이 마지막으로 향하는 곳은 마약이에요. 수많은 두바이 억만장자들이 약물 중독으로 죽음에 이르렀다는 건 공공연한 비밀입니다."

두바이 여행을 다녀온 뒤, 돈과 성공에 대한 생각이 조금 바뀌었다. 그전까지는 목표한 성과를 이루기 위해 주말까지 반납하고 뛰었지만, 이제는 가족과 보내는 시간을 더 소중히 여긴다. 일에도 좀 더 여유를 주려고 노력한다. 이전에는 안 되는 일을 되게 하려고 노심초사했지만, 이제는 다음 기회로 넘길 때가 더 많다. 그런데 이상한 건 가족과 함께 보내는 시간을 늘리고 더 여유를 가지니 일도 더 잘된다는 사실이다. 물론 더욱 다그쳤으면 더 큰 성과를 냈을 수도 있다. 하지만 초과 성과보다 가족과의 시간이나 내 삶의 여유가 훨씬 더 중요하다고 생각한다.

만약 꼭 주말에 고객을 만날 일이 있다면 가족과 함께 가기도 한다. 특히 지방 고객이라면 가족 여행을 겸해서 간다. 이럴 때면 초등학생 아들은 아빠처럼 정장을 입고 싶어 한다. 늘 아빠가 정장을 입고 일하러 가는 모습을 보고 자란 아들은 유치원 때부터 넥타이 매는 걸 좋아했다. 이런 아들을 보면서 가슴이 뿌듯하기도 하고, 더 큰 책임감이 느껴지기도 한다. 아들이 계속 좋아하고 존경하는 아빠가 되어야 한다는 책임감 말이다.

보험은 결국 '피플 비즈니스'다

요즘 보험업계에 들어오는 분들을 보면 예전의 내가 떠오른다. 돈과 성공에 확실한 가치를 두고 하루에 서너 시간만 자면서 일에 몰두할 정도로 열정이 가득한 모습. 하지만 지금의 내가 신입 사원분들에게 강조하는 것은 일에 대한 열정보다는 고객에 대한 진정성이다. 보험과 금융에 관한 전문성을 쌓는 것도 필요하지만, 그

보다 더 중요한 점은 고객에게 진심을 다하는 것이다.

아주 가끔이지만 보험 영업인이 고객에게 이익이 되는 상품보다 자신에게 더 많은 수익을 주는 상품을 권하는 경우를 본다. 이런 영업으로 잠깐은 더 큰 이득을 볼 수도 있다. 하지만 절대 오래가지 못한다. 요즘이 어떤 시대인가? 누구나 클릭 몇 번만 하면 다양한 보험 상품을 비교 분석할 수 있는 세상이다. 보험 영업인이 갖고 있는 정보는 결코 독점적이지 않다. 잠깐은 고객의 눈을 가릴 수 있지만, 결코 오래갈 수 없다. 그러니 늘 솔직하고 진정성 있게 고객을 상대해야 한다.

나는 여기에 고객을 좋아해야 한다는 점을 덧붙이고 싶다. 내가 먼저 고객을 좋아하면 고객도 나를 좋아하게 된다. 서로 좋아하는 사이라면 자연스럽게 신뢰가 쌓이고 솔직하게 대할 수 있다. 어떻게 몇 번 보지도 않은 고객을 좋아할 수 있냐고? 마음속으로 그 고객을 좋아한다고 100번만 외쳐 보시라. 입 밖으로 소리를 내면 더욱 좋다. 그러면 정말 그 고객을 좋아하게 된다. 이런 마음이 고객에게 전달되어 고객 또한 나를 좋아하게 된다.

일을 시작한 지 10여 년이 넘으니, 결국 보험 영업은 '피플 비즈니스'라는 생각이 든다. 상품 판매보다 더 중요한 것은 사람들을 연결하는 일이다. 꼭 보험이 아니어도 상관없다. 내가 연결의 허브가 되기만 하면 된다. 얼마 전 우연히 친해진 프로 축구 선수들에게 좋은 외제 차 딜러를 소개해 줬다. 그 친구들이 보험보다는 외제

나는 보험인이다

차에 관심이 더 많았기 때문이다. 물론 나한테 커미션이 떨어지지는 않지만, 서로에게 유용한 관계를 내가 맺어 주었다는 점이 중요하다. 이러면 결국 돈이 따라오게 되어 있다. 피플 비즈니스라고 하니, 인간관계를 너무 상업적으로 따진다는 느낌이 들지도 모르겠다. 하지만 진정성을 갖고 사람을 대하면 결국 돈이 아니라 사람이 남는다.

그래서 나의 가장 큰 목표는 돈을 얼마큼 버는 것이 아니라, 평생 함께 갈 사람 100명을 만드는 것이다. 아직은 50명이 채 안 되지만, 결코 적지 않은 숫자라고 생각한다. 그중에는 고객도 있고, 동료도 있고, 친구도 있다. 이런 사람들이 100명을 넘는다면 나는 무엇을 하든 성공할 수밖에 없지 않을까? 아니, 이런 사람들이 100명이나 있다는 것 자체가 성공한 인생이리라.

5년 뒤 목표는 '아들과 한 달 여행'

물론 평생의 목표뿐 아니라 5년 뒤, 10년 뒤의 목표도 있다. 5년 뒤 목표는 중학생이 되는 아들과 함께 한 달 동안 여행을 가는 것이다. 지금 초등학교 1학년인 아들이 중학교에 올라가기 직전 겨울 방학이 좋을 것 같다. 어떤 이들은 중학교 선행 학습을 해야 할 때라고 하지만, 난 이때야말로 아들과 한 달짜리 장기 여행을 떠나기 좋은 시기라고 생각한다.

앞으로 계속 바뀌겠지만, 현재 아들의 장래 희망은 비행기 조종사다. 그래서 대한항공 부기장인 고객과 미팅할 때 아들을 데려가기도 했다. 그때 아들은 "비행기 조종사가 되려면 영어를 잘해야 한다."라는 이야기를 듣고 영어에 대한 관심이 부쩍 늘었다. 중학교 입학 전까지 아들의 꿈이 바뀌지 않는다면, 같이 미국 보스턴에 한 달쯤 가 보려고 한다.

MDRT 연차총회 때 방문했던 보스턴은 인상 깊은 도시였다. 하버드와 MIT, 에머슨, 버클리 음대 등 유서 깊은 대학들이 만들어 내는 분위기가 너무 좋았다. 아들과 함께 대학 캠퍼스를 걸어 보는 것만으로도 좋은 경험이 될 듯하다. 아이가 꼭 하버드나 MIT를 가야 한다는 생각은 없다. 다만 아이가 더 넓은 세상을 보고, 왜 공부를 해야 하는지 확실한 동기 부여를 얻을 수 있다면 좋겠다.

또 하나의 5년 뒤 목표는 '가족을 위한 별장 구입'이다. 화려하고 크지 않아도 좋다. 우리 가족이 편하게 쉴 수 있고, 좋아하는 분들을 초대해 즐겁게 보낼 수 있는 곳이면 된다. 별장을 구입하려면 더 높은 실적을 달성해야 한다. 내가 COT를 넘어 TOT를 달성하려는 이유다. 새롭게 멘토가 되어 주신 본부장님의 도움을 받아 TOT를 달성하기 위해 노력 중이다. 대한민국에서 두 번째로 TOT 10회를 달성한 본부장님의 조언은 늘 실질적이라 큰 도움이 된다.

계획대로 실적을 쌓아 나간다면 10년쯤 뒤에는 건물주가 되어 있을 것이다. 강남의 수백억짜리 건물은 아니어도, 내가 땀 흘려 노력해서 산 건물의 주인. 이를 위해 꾸준히 부동산을 공부하며 투자도 하고 있다. 이건 내가 관리하는 고객들의 자산 증식을 위한 일이기도 하다.

그리고 다시 10년 뒤, 내 나이 56세가 되었을 때는 현업에서 은퇴할 생각이다. 그 뒤에는 가정 형편이 안 좋은 아이들도 원하는 공부를 마음껏 할 수 있는 대안 학교를 운영할 계획이다. 내가 대학 때부터 품어 온 오랜 꿈이기도 하다. 그 무렵 한 부모 가정 아이들을 대상으로 과외 봉사를 했는데, 스승의 날에 초등학교 아이들이 쓴 감사 편지를 받은 적이 있다. 색종이에 삐뚤빼뚤한 글씨로 쓴 편지를 받은 날, 이런 아이들을 위한 학교를 만들고 싶다는 꿈이 생겼다.

5년 후와 10년 후 그리고 은퇴 후의 꿈을 이루기 위해 오늘도 나는 열심히 일한다. 꿈은 내가 반복에 지치지 않도록 만들어 주는 무한 동력이다. 나는 꿈을 이루는 과정도 즐거웠으면 좋겠다. 그 길에 가족과 동료 그리고 고객들이 함께한다면 언제나 즐거울 것이다.

Profile

신병문
FSR

Slogan

반복에 지치지 않는 자가 성취한다!

카카오톡 상태 메시지이자 좌우명. 보험 일이란 어찌 보면 거절과 보류 같은 힘 빠지는 일의 연속이다. 결국 반복에도 불구하고 지치지 않는 사람만이 보험업계, 아니 모든 분야에서 성공할 수 있다.

Work

입사 후 한동안 출퇴근 시간이 아까워서 사무실에서 먹고 자며 근무. 그 뒤로 몇 년 동안은 쉬는 날 없이 일했다. 2017년 영업에 복귀하면서 멘토님의 조언대로 일요일에 쉬기 시작. 다음 해에는 토요일, 그다음 해에는 금요일도 휴식과 자기 개발로 보냈다. 그러면서도 업무 집중도를 높여 실적은 해마다 좋아졌다.

Know-how

첫 상담에서는 미리 편지를 준비해 고객의 마음 열기. 지금도 고객 요청에 빠짐없이 응답하고 고객에게 무슨 일이 생기면 직접 가서 처리하는 것을 원칙으로 움직인다. 10년 넘게 주간 리포트를 빠지지 않고 보내는 등 고객 신뢰를 높여서 99.5%라는 '환상적인 계약 유지율'을 기록 중이다.

Dream

아들과 한 달 여행 & 대안 학교 운영

5년 뒤 아들이 중학교에 들어가기 전 겨울 방학에 한 달간 여행을 할 작정. 이 무렵 가족을 위한 별장을 구입하고, 다시 5년 뒤에는 건물을 사는 것이 목표다. 그리고 다시 10년 뒤인 56세에 은퇴, 가정 형편에 상관없이 누구나 마음껏 공부할 수 있는 대안 학교를 운영하고 싶은 꿈이 있다.

Career

MDRT 2회, COT 3회 달성
회사 연도 시상식(MPC) 6회 수상

나는 보험인이다

1987   울산광역시 출생. 아버지가 현대자동차에 다니는 평범한 중산층 가정에서 태어남

1998   초등학교 5학년. 이때 아버지가 선 보증이 문제를 일으켜 집에 빨간 딱지가 붙음. 용돈을 벌기 위해 치킨집 전단지 알바 시작

2002   중학교 3학년. 다양한 알바를 전전하다 막노동 시작. 돈과 인생, 성공에 대한 나름의 가치관을 세움

2004   고등학교 2학년. 비로소 아버지의 빚을 다 갚음. 그래도 쉬지 않고 알바를 하면서 공부도 병행

2006   가톨릭대학교 수학과 입학. 회계학 복수 전공

2007   수학 과외를 맡은 학생의 성적이 전교 3등으로 수직 상승하면서 '고액 과외 강사'가 됨

2010   대학 졸업 후 ROTC로 입대. 군대가 적성에 맞아서 직업 군인이 되려고 했으나, '출신의 한계'를 느끼고 포기

2012   전역 후 메트라이프 입사. 끝까지 반대하시는 아버지께 "딱 1년만 죽어라 해 보겠다."라고 말씀드림

2014   입사 3년 만에 사내 시상식에서 수상. 처음부터 폭발적인 실적을 기록한 건 아니었으나 꾸준히 성과를 쌓았음

2017   첫 MDRT 기록. 2년간의 관리자 생활 후 다시 영업을 시작한 첫해에 이룬 성과라 더 뜻깊음

2019   첫 COT 달성

2022   3년 연속 COT를 달성하고 TOT에 도전 중

03

패션모델 출신
보험
영업인의

남택함 FSR

인생
무한도전

중학교 시절부터 유도 선수로 활약하다 고3 때 큰 부상을 겪고 운동을 포기했다. 이후 패션모델 일을 하면서 인터넷 쇼핑몰, 리모델링 시공사 등을 운영해 나름의 성공 가도를 달렸으나, 사업 실패로 인생의 위기를 맞기도 했다. 부상과 투자 실패, 사업 실패 등 위기를 맞을 때마다 '아무 일도 하지 않으면, 아무 일도 일어나지 않는다'는 좌우명을 새기며 새로운 도전을 이어 갔다. 36세에 새롭게 도전한 보험 영업에서 발군의 성과를 이루며 제2의 전성기를 보내고 있다.

"여보세요? 형, 지금 어디야?"

"응, 택함아, 내가 지금 경찰서라서…. 전화 통화가 좀 곤란하네."

"응? 웬 경찰서? 무슨 교통사고라도 난 거야?"

"아니, 그런 건 아니고…. 아무튼 지금은 통화가 좀 그래. 내가 다시 전화 걸게."

교통사고도 아닌데 웬 경찰서? 집에 도둑이라도 든 걸까? 아무튼 다시 전화 준다니까 기다려 볼 수밖에. 하지만 형한테서 전화는 오지 않았다. 그 길로 바로 구속되어 구치소에 수감되었으니. 혐의는 사기죄였다.

이 형이 내 친형은 아니다. 그렇다고 조금 안쓰럽게 생각하고 말 사이도 아니었다. 형은 나와 함께 리모델링 시공사를 운영하던 동업자였다. 이 분야에서 잔뼈가 굵은 형이 대표를 맡아 회사 운영 전반을 책임졌고, 이사인 나는 주로 영업을 뛰었다. 우리 회사는 오래된 지방 호텔을 매입해서 리모델링한 후 되파는 사업을 했다. 나에게는 생소한 분야였으나, 형은 전문가였다. 형의 제안으로 내가 자본금을 보태서 공동 창업을 한 것이다. 나도 인터넷 쇼핑몰을 운영해 본 경험은 있었으나, 이런 사업은 처음이라 디테일한 회사 경영은 형에게 일임하고 있었다.

얼마 전부터 회사 자금 사정이 좀 어렵다는 건 알고 있었다. 하지만 사기라니! 도무지 믿을 수가 없었다. 그렇다면 이 형이 나한테도 뭔가 속이고 있었다는 말인가? 나중에 재판 과정을 통해 알게

나는 보험인이다

된 사실이지만, 형은 나름대로 최선을 다했다. 사정이 어려워진 회사를 위해 여기저기서 자금을 끌어왔다. 하지만 당시는 하우스 푸어가 사회 문제로 떠오를 만큼 부동산 경기가 얼어붙을 때였다. 리모델링을 끝낸 호텔이 팔리지 않았고, 회사 자금 사정은 더욱 안 좋아졌다. 이런 상황에서 무리하게 자금을 끌어왔다가 상환하지 못해 사기 혐의를 받은 것이다.

결국 대표 형은 사기죄로 구속되었고, 회사는 문을 닫았다. 나는 범죄 혐의를 받지 않았으나, 투자금을 날리고 빚만 4억쯤 남았다. 이때 내 나이 서른 넷. 살아오면서 몇 번의 실패에도 좌절하는 법이 없었지만, 이번엔 정말 타격이 컸다. 머릿속이 멍하고 뭘 어떻게 해야 할지 몰랐다. 일단 좀 쉬면서 머리를 식히고 싶었다. 지인이 운영하는 수상 레포츠 센터에 가서 며칠 동안 아무 생각 없이 물살을 갈랐다. 대충 사정을 들은 지인의 배려로 그대로 눌러앉아 센터 일을 돕기 시작했다. 평소 워낙 좋아하던 레포츠라 일은 크게 어렵지 않았다. 오히려 열심히 일하니 머릿속이 좀 정리되는 기분이었다.

그런데 일을 하다 보니 슬슬 평소의 도전 정신(?)이 다시 나왔다. 센터 일을 하면서 수상 레포츠 손님들을 상대로 미니 패션숍을 열고, 컨테이너를 대여해 숙박업까지 시작한 것이다. 그래 봤자 빚을 갚기에는 턱도 없었지만, 그래도 희망의 끈을 다시 잡은 것 같았다.

목사님과 원장님 댁 셋째 아들

사실 희망의 끈은 언제나 내 안에 있었다. 고3 때 부상으로 운동을 포기해야 했을 때도, 20대 후반에 투자 실패로 통장 잔고가 0이 되었을 때도 내 안의 희망은 사라지지 않았다. 그래서 다시 도전할 수 있었다. 이건 어린 시절 부모님을 통해 받은 하나님의 선물이었다.

우리 아버지는 목사님, 어머니는 어린이집 원장님이었다. 부모님은 슬하에 4형제를 두었는데, 나는 그중 셋째였다. 어린 시절 우리 집은 화목하고 사랑이 넘쳤다. 어찌 보면 좀 진부한 표현이지만, 달리 뭐라 쓸 말이 없다. 아버지의 가르침은 한결같았다. 하나님을 사랑하고 네 이웃을 섬겨라. 돈이 나쁜 것은 아니지만, 노력 없이 번 돈은 욕심을 키울 뿐이다. "욕심이 잉태한즉 죄를 낳고, 죄가 장성한즉 사망을 낳느니라."라는 성경 말씀은 어려서부터 귀에 못이 박히도록 들었다.

우리 형제들도 부모님 뜻에 따라 반듯하게 자랐다. 나를 빼고는 모두 공부도 잘하는 모범생이었다. 나는 공부보다는 예체능 쪽이었다. 어릴 때부터 음악을 좋아해서 악기와 노래를 배우며 아버지의 뒤를 이어 목회자, 그중에서도 음악 목사의 길을 꿈꾸었다. 당연히 부모님도 응원해 주셨다. 그러다 중학교 때 우연찮은 기회로 접한 유도에 흠뻑 빠져들어 선수 생활을 시작했다. 남들보다 재능도 있었지만, 워낙 열심히 해서 고등학교 때는 전국 대회에 입상할 정도로 성적도 좋았다. 고등학교 졸업 후에는 당연히 유도 선수로 활동할 수 있는 대학에 입학할 계획이었다. 하지만 대학 입시를 앞두고 나간 시합에서 큰 부상을 당해 더 이상 선수 생활을 지속할 수 없었다. 내 인생 최초의 시련이었다.

하지만 그대로 주저앉지는 않았다. 타고난 낙천성에 부모님께 물려받은 신앙까지 있었으니까. 결국 어떤 길을 가든지 하나님께서 인도해 주실 터였다. '택함'이란 이름처럼 난 '하나님께서 택한 사람'이니 걱정할 필요가 없었다. 모든 것을 주님께 맡기고 두려움 없이 내 일을 하면 되었다. 우선 대학을 다시 정했다. 유도 선수 대신 체육 선생님이 될 수 있는 학교와 학과를 선택했다. 아무래도 안정적인 생활을 원하는 부모님 뜻에 따른 결과였다. 하지만 하나님은 전혀 다른 길을 보여 주셨다.

유도 선수에서 패션모델로

이번에도 시작은 우연찮은 기회였다. 대학 입학 후 아는 누나 한테 놀러 갔다가 모델반 수업을 권유받았다. 그 누나 회사는 모델 에이전시였는데, 거기서 모델반 수업도 운영하고 있었다. 누나도 가볍게 권했고, 나도 가벼운 마음으로 수업에 들어갔다. 그런데 담당 모델반 강사는 경악을 금치 못하는 표정이 역력했다. 당시 내 체중이 100kg을 넘나들고 있었던 탓이다.

원래 유도 선수 시절 내 체급은 81kg급이었고, 평소 체중은 그보다 5~6kg쯤 더 나갔다. 그런데 고3 때 몸무게를 불려서 100kg 이상 급으로 체급을 올렸다. 당시 경쟁이 덜했던 체급이라 좀 더 좋은 성적을 기대할 수 있어서였다. 100kg 이상 급은 상한선이 없었기에 몸무게는 무거울수록 유리했다. 나는 움직임이 둔해지지 않는 선에서 최대한 몸집을 불렸다. 결국 몸무게는 128kg에 다다랐다. 유도를 그만두고 나자 몸무게는 줄었지만, 그래도 100kg 안팎이었다.

강사의 눈빛은 '너같이 육중한 애가 왜 여기 있니?' 하고 말하는 듯했다. 사정을 들은 뒤에도 "그럼 다른 운동을 하지, 왜 굳이 모델을 하려고 하죠?"라고 물었다. 그렇다고 쫓아내진 않았다. 하긴 수업료 내고 들어온 학생을 굳이 쫓아낼 필요는 없었겠지. 수업을 듣다 보면 스스로 좌절하고 포기할 테니까. 이런 분위기를 느끼자 오히려 오기가 생겼다.

모델 수업과 함께 본격적인 몸 만들기에 들어갔다. 아침저녁으로 달리고 또 달렸다. 흰쌀밥은 주일에만 먹을 정도로 엄격하게 식단을 관리했다. 덕분에 몸무게를 75kg까지 줄일 수 있었다. 이런 모습에 모델반 선생님도 엄지손가락을 들어 올릴 수밖에 없었다. 이왕 이렇게 된 것, 모델이 되는 코스를 제대로 밟고 싶었다. 대학을 자퇴하고 모델학과 시험을 봤다. 반대할 것이 불 보듯 뻔한 부모님과의 상의 없이 일단 저질렀다. 합격증을 받고 나서야 부모님께 말씀드렸다.

"죄송하지만 정말 모델이 되고 싶습니다. 유도 이후로 이렇게 하고 싶은 건 처음이에요. 학비는 제가 벌어서 다닐 테니, 허락만 해 주세요."

처음엔 당황하시던 부모님도 결국 고개를 끄덕여 주셨다. 이렇게 또 한 번의 도전이 시작되었다

사업 성공 vs. 투자 실패

모델 일은 학교에 다니면서도 할 수 있었다. 우선 패션 화보 촬영처럼 간단한 일부터 시작했다. 하지만 문제가 생겼다. 그 무렵에는 몸에 딱 붙는 스키니가 유행이라 젓가락처럼 마른 모델이 잘나갔다. 아니, 젓가락처럼 마르지 않으면 일거리를 찾기도 어려웠다. 여성뿐 아니라 남성 모델도 마찬가지였다. 당시 키가 190cm에 가까운 남성 모델들도 몸무게는 60kg 이하인 경우가 허다했다. 하지만 어릴 때부터 운동으로 다져진 나는 기본 근육량이 있어 도저히 그렇게까지 뺄 수가 없었다. 이를 악물고 감량한 결과 69kg까지 빼기는 했다. 그러자 온몸에 기운이 하나도 없었다. 정말 병뚜껑 딸

힘조차 남아 있지 않았다. 워킹은커녕 화보 찍다 쓰러질 판이었다.

다행히 대안은 있었다. 아무리 스키니가 대세인 시절이어도 스포츠 브랜드 모델만큼은 예외였다. 스포츠 브랜드에서는 젓가락 몸매가 아니라 탄탄한 근육을 갖춘 '마네킹 몸매'를 선호했다. 근육이라면 유도 선수 시절 이미 다 만들어 놓았던 것 아닌가. 젓가락 몸매에서 마네킹 몸매로의 변신은 쉬운 일이었다. 물론 운동과 식단 조절은 필수였지만, 몸에 무리를 줄 정도는 아니었다. 오히려 마네킹 몸매를 만들고 나니 몸에 힘이 넘쳤다. 마침 아디다스 전속 모델 선발이 있어서 응시했고, 당당히 합격했다. 그리고 10년 동안 아디다스 전속 모델로 활동했다.

하지만 모델 일은 늘 들쭉날쭉했다. 아디다스 전속 모델이었지만, 그것만으로는 학비와 생활비가 부족했다. 모델로 활동하면서도 커피숍이나 맥줏집에서 알바로 일했다. 그러다 인터넷 쇼핑몰까지 열게 되었다. 판매 아이템은 일본 구제 리폼 제품이었다. 당시 우리나라에는 구제 리폼이 유행하기 시작했는데, 이미 그런 문화가 광범위하게 퍼져 있던 일본 제품이 인기를 끌었다. 마침 일본에 있는 아는 분에게 부탁해서 일본 제품을 들여와 인터넷으로 팔았다.

인터넷 쇼핑몰은 말 그대로 대박이 났다. 여기에 모델 일까지 더하니 한 달에 최하 오백, 많을 때는 수천만 원까지도 수입이 생겼다. 이렇게 되니 '돈 버는 맛'을 느낄 수 있었다. 어릴 적 부모님의 가르침에 따라 사치하지는 않았지만, 통장에 돈이 쌓이니 하늘에

붕 뜬 기분이었다. 이 기분을 좀 더 느끼고 싶어 주식 투자에 손을 댔다. "노력 없이 번 돈은 욕심을 키울 뿐이다."라는 부모님의 가르침이 걸렸지만, '주식 투자도 결국 내가 열심히 공부하고 노력해서 돈을 버는 것'이라고 애써 생각했다.

하지만 결과는 처참했다. 몇 해 동안 모델 일과 알바, 사업으로 벌어들인 돈을 주식 투자로 모두 날리고 말았다. 매일 주식 창만 들여다보다 어느 순간 정신을 차려 보니 통장 잔고가 0이 되어 있었다. 그나마 빚을 내서 '레버리지 투자'를 하지 않고, 순수하게(?) 내 돈으로만 투자한 것이 다행이랄까. 그토록 열심히 일해서 번 돈을 모두 날리고 나서야 깨달았다. 부모님의 가르침이 옳았다는 것을. 다시 열심히 일해서 돈을 벌기로 했다. 다행히 모델 일도 계속했고, 인터넷 쇼핑몰도 성업 중이었다. 조금씩 차근차근 다시 통장에 돈이 쌓여 갔다. 그렇게 몇 년간 모은 돈으로 리모델링 시공사라는 새로운 사업에 도전했으나, 사업 실패와 더불어 더 큰 위기가 찾아온 것이다. 하지만 앞서 이야기했듯, 나는 새로운 도전을 시작했다.

결혼과 출산, 인생의 터닝 포인트

수상 레포츠 센터 일과 미니 패션숍, 컨테이너 숙박업 등은 나름 괜찮았다. 물론 이걸로 4억이나 되는 빚을 갚을 순 없었지만, 뭔가 새로운 도약을 위한 발판을 준비하는 기분이었다. 그런데 돌발변수가 생겼다. 사귀던 여자 친구가 임신을 하게 된 것이다. 계획한 일은 아니었지만 기쁘게 받아들였다. 어차피 사랑하는 여자 친구와 언젠가 결혼할 생각이었는데, 시기가 조금 빨라진 것뿐이었다. 하지만 문제는 빚이었다. 여자 친구에게는 정확한 액수를 말하지 않았다. 예전에 사업 실패로 빚이 꽤 있는데, 결혼하면 더욱 열심히 일해서 갚을 거라고만 했다. 나처럼 낙천적인 여자 친구는 크게 걱정하지 않았다. 다만 결혼하면 사업 대신 안정적인 직장에서 일하길 원했다.

부모님과 형제들의 축복 속에 결혼식을 올리고, 아내 뜻대로 취직을 했다. 백화점의 명품 시계 매장 매니저 자리였다. 세계적으로 유명한 명품 시계 매장을 3곳이나 운영 중인 사장님은 일단 세 달쯤 일해 보고 정직원 채용 여부를 결정하겠다고 했다. 매장을 관리하면서 찾아온 고객에게 직접 시계를 파는 것이 주된 업무였다. 숱한 알바와 인터넷 쇼핑몰, 미니 패션숍까지 운영해 본 경험을 십분 살려 영업에 나섰다. 워낙 붙임성 좋은 성격도 도움이 되었다. 무엇보다 아내와 갓 태어난 딸을 위해서 누구보다 열심히 일했다.

다행히 첫 달부터 눈에 띄는 성과를 낼 수 있었다. 내가 관리한 매장은 평소보다 훨씬 높은 매출을 올렸고, 사장님은 당장 정직원 계약을 하자고 했다. 예정보다 빨리 정직원이 되었지만, 월급은 기대만큼 높지 않았다. 세 식구 생활비로는 모자라지 않았으나, 빚을 갚기에는 턱없이 부족했다. 아무래도 돌파구가 필요했다. 고민 끝에 사장님께 솔직히 말씀드렸다.

"제가 매출을 어느 정도까지 끌어올려야 지금 받는 월급보다 2배를 받을 수 있을까요?"

당황한 듯 눈을 끔벅거리던 사장님은 너털웃음을 터뜨리더니 말씀하셨다.

"올해 매출이 이전 최고 매출보다 10억 이상 늘어나면 월급을 올려 주지. 그래도 100% 인상은 힘들고, 50%는 인상해 주마."

이날부터 더욱더 열심히 시계를 팔았다. '일단 매장에 들어온 고객은 뭐라도 손목에 채워서 보낸다', '5백만 원짜리 시계에 관심을 보이는 고객은 1천만 원, 1천만 원짜리를 원하는 손님은 2천만 원짜리 상품을 사도록 만든다'는 두 가지 목표를 세우고 노력했다. 물론 손님을 속인 건 아니었다. 명품 시계를 살 정도로 여유 있는 손님에게 더 멋진 시계를 권한 것뿐이니까. 손님들도 내가 권한 시계에 만족했다. 그해가 끝나고 매출을 결산해 보니 사장님이 제시한 목표치보다도 13억 원이나 초과 달성했다. 또 다른 도전에 성공한 것 같아 가슴이 뿌듯했다.

이듬해 연봉 협상. 당연히 50%가 인상될 줄 알았는데, 사장님이 다른 말씀을 하셨다. "작년엔 정말 수고했지만 반짝 성과일 수도 있으니, 올 한 해만 더 해 보고 결정하자."라는 것이다. 허탈했다. 화장실 들어갈 때와 나올 때 마음이 다르다더니. 사실 그동안

적지 않은 일을 하면서 이런 사람들을 여럿 봤다. 말을 바꾸는 사람, 약속을 안 지키는 사람, 믿음을 저버리는 사람…. 이런 사람들은 공통점이 하나 있다. 다음에 또 그런다는 것. 너무 억울했지만 과감하게 마음을 접었다.

"솔직히 실망입니다. 분명히 약속하셨고, 저는 목표를 초과 달성했는데 말을 바꾸시다니요. 미안하지만 이런 상태로는 더 이상 일하기 힘들겠네요. 제가 다른 직장을 알아보겠습니다."

사장님은 입맛만 쩝 다시고는 가타부타 말이 없었다. 안 잡을 테니 갈 테면 가라는 뜻이다. 이런 사람에게 더 이상 미련 따위는 없다. 자리를 박차고 나왔다. 여기까지는 좋았는데, 다음 일자리 찾기가 쉽지 않았다. 아내에게는 차마 알리지 못한 상태로 아침마다 집을 나와 직장을 알아보러 다녔다. 하지만 입맛에 딱 맞는 직장이 기다렸다는 듯 찾아질 리가 없다. 며칠이 지나니 슬슬 불안감이 엄습해 왔다.

막다른 골목, 보험이란 비상구

그러던 어느 날 밤, 오랫동안 골프 친구로 인연을 맺어 온 후배에게서 전화가 왔다. 주말에 함께 라운딩을 하자는 연락이었다. 평소 같으면 냉큼 약속을 잡았겠지만, 그날은 그럴 수 없었다. 주저하는 내 모습에서 뭔가 이상한 낌새를 눈치 챈 후배가 꼬치꼬치 사정을 캐물었다. 결국 그동안의 사정을 털어놓으며 신세 한탄 모드로 들어갔다. 이야기를 듣던 후배가 갑자기 말했다.

"형님, 잘됐네요."

"응?"

"형님한테 딱 맞는 일이 있어요."

"오, 그게 뭔데?"

"전화로는 좀 그렇고, 제가 지금 바로 찾아뵐게요."

"뭐? 지금 몇 시인 줄은 알아?"

"형님 인생이 바뀌는 일인데 시간이 무슨 상관입니까? 형님은 댁에 꼼짝 말고 계세요. 제가 바로 찾아갈게요."

시계를 보니 새벽 1시가 넘었다. 평소 깍듯하게 예의를 지키는 후배가 이러니 무슨 일인지 궁금해졌다. 다시 전화를 받고 집 앞 카페에서 만난 시간은 새벽 2시. 후배는 앉자마자 입을 열었다.

"형님, 제가 무슨 일을 하는지 아시죠?"

예상치 못한 질문에 말문이 막혔다. 그러고 보니 후배가 정확히 무슨 일을 하는지 잘 몰랐다. 뭔가 금융권에 있다고 했던 것 같은데 확실치 않다. 이 친구랑은 즐겁게 골프만 쳤지, 서로가 하는 일에 관해서는 거의 이야기를 안 했다. 후배는 내가 몰라도 상관없다는 듯, 자기 이야기를 줄줄 풀어놓았다. 메트라이프를 10년째 다니고 있다는 이야기, 자기도 나처럼 인생의 막다른 골목에서 보험 영업을 통해 돌파구를 찾았다는 이야기, 지금은 지점장까지 올라서 제2의 인생을 살고 있는 이야기…. 전혀 예상치 못한 이야기에 어리둥절해하는 나를 보고 후배는 마지막 쐐기를 박듯 말했다.

"형님, 제가 그동안 보험 얘기 한번 안 한 이유가 있어요. 언젠가 형님한테도 보험이 필요한 순간이 올 거라고 생각했거든요. 지금이 바로 그 순간인 것 같아요. 보통 사람에겐 보험이 미래를 준비하기 위해서 필요하지만, 어떤 사람에겐 현재를 돌파하기 위해 필요하죠. 형님이 바로 후자예요. 제가 지금까지 곁에서 지켜봤는데, 형님은 누구보다 뛰어난 보험 설계사가 될 수 있을 거예요."

후배의 자못 감동적인 말에 혹하긴 했지만, 일단 생각할 시간이 좀 필요하다고 했다. 아내가 바라는 '안정적인 직장' 리스트에 보험사는 없었다. 나도 보험과 보험 설계사에 대한 편견이 있었다. 하지만 생각할수록 내가 마주한 막다른 골목을 뚫고 나갈 길은 보험밖에 없는 것 같았다. 딱 1년만 죽었다고 생각하고 노력해 보자. 1년 만에 명품 시계 매장 매출을 두 배로 올렸는데, 보험 영업도 잘할 수 있지 않을까.

고민에 고민을 거듭하다 마침내 아내에게 말을 꺼냈다. 명품 시계 매장에서의 일을 이야기하면서 "사실은 내가 준비하는 다른 아이템이 있는데, 그게 좀 시간이 걸려. 그사이에 후배가 권한 보험 영업을 딱 1년만 해 보려고 하는데, 자기 생각은 어때?"라고 에둘러 말했다. 걱정과는 달리 아내는 흔쾌히 동의했다. 약속을 어긴 사장 욕을 시원하게 하면서. 우리 남편은 대단한 능력자니 무얼 하든 잘할 수 있을 거라고도 했다. 고마워서 눈물이 날 지경이었다. 그렇게 보험 영업에 처음 뛰어들었다. 서른 여섯 살, 적지 않은 나이에 새로운 도전이었다.

8시간 상담 끝에 맺은 첫 계약

　남들보다 늦게 시작했으니 각오도 남다를 수밖에 없었다. 한 달의 교육 기간 동안 자정 이전에 집에 들어간 날은 한 손에 꼽을 정도였다. 정규 교육 시간이 끝나면 동료들과 연습하고, 다시 혼자 사무실에 남아 부족한 부분을 보충했다. 하지만 뒤늦게 시작한 보험 공부는 쉽지 않았다. 더구나 중학교 때부터 유도 선수로 활동하며 손을 놓다시피 한 책을 다시 들고 숫자를 보려니 진도가 잘 나가지 않았다. 교육을 마쳤지만 여전히 부족한 점이 많았다. 일단 일을 하면서 모자란 부분을 보충해 가기로 하고 영업을 시작했다. 다른 동기들과 마찬가지로 지인들부터 연락했다.

　첫 상담을 잡은 고객은 대학 선배였다. 오랜만에 연락하니 대학 때부터 친했던 선배는 반가워하면서 흔쾌히 약속을 잡았다. 전화로는 보험 영업을 시작했다는 말을 하지 않았다. 직접 만나서 이야기하는 편이 나을 것 같았다. 그런데 커피숍에서 만나 두세 시간 동안 이런저런 이야기를 하면서도 보험 이야기는 한 마디도 꺼내지 못했다. 머릿속에는 온통 보험 생각뿐이었지만, 정작 입에선 다른 이야기만 흘러나왔다. 오랜만에 만난 후배한테 보험 이야기를 들을 선배 입장을 생각하니 차마 미안해서 입이 안 떨어졌다. 한참 동안 옛날이야기를 하며 즐거워하던 선배가 문득 생각난 듯 물었다.

"그건 그렇고, 넌 요즘 뭐 하면서 사니?"

드디어 기회가 왔다. 여전히 보험이란 말이 목구멍에 걸렸지만, 지금이 아니면 정말 꺼낼 수 없을 것만 같았다.

"그게…. 형, 사실은 저 보험 일 시작했어요."

이렇게 이야기하고 내 입은 다시 닫혔다. 마치 학창 시절 선생님에게 잘못을 고백하고 처분을 기다리는 학생이 된 심정이었다. 하지만 선배는 기다리기라도 했다는 듯 말을 이었다.

"그래? 그럼 진작 얘기하지. 야, 오늘은 내가 들어가 봐야 하니까 다시 약속을 잡자. 아예 우리 아내도 같이 보고 그날 계약해 버리지 뭐. 나랑 아내뿐만 아니라 우리 애들 것도 몇 가지 준비해 와 봐."

선배의 시원한 대답에 눈물이 핑 돌았다. 그리고 며칠 뒤에 선배랑 형수님까지 같이 만났다. 나는 준비해 간 보험 상품을 설명했다. 나름 열심히 준비했다고 생각했는데, 막상 선배랑 형수님이 궁금한 점을 물으니 모르는 것이 많았다. 중간중간 팀장님께 전화를 걸어서 알아보고 답변하면서 상담을 진행했다. 초짜 보험인의 어설픈 상담은 몇 시간이나 계속되었다. 이렇게 상담이 길어지는데

나는 보험인이다

도 선배와 형수는 인상 한번 찌푸리지 않고 설명을 경청했다. 정오쯤 시작한 상담은 저녁 8시가 되어서야 끝이 났다. 그리고 선배와 형수, 아이들 보험까지 한꺼번에 계약했다. 내 보험 인생 첫 계약이었다. 서툴러서 죄송하고, 그럼에도 나를 믿고 계약해 주시니 고마울 따름이었다.

첫 달 상을 받고 10분 동안 펑펑 울다

부족한 나를 믿고 계약서에 사인한 사람은 대학 선배만이 아니었다. 다른 지인들, 혹은 그들에게 소개받은 사람들도 기꺼이 보험에 가입했다. 그렇게 첫 주에만 7건, 첫 달에는 22건의 계약을 따냈다. 내가 속한 사업단 최고 기록이었다. 입사 첫 달 내가 속한 사업단 월간 시상식에서 계약 건수 1등 상을 받았을 때, 나도 모르게 눈에서 뜨거운 무언가가 흘러내렸다. 초등학교 이후 남들 앞에서 처음 흘리는 눈물이었다. 중고등학교 시절 죽을 만큼 힘들게 운동하면서도 남들 앞에서는 꾸역꾸역 참았던 눈물이었다. 한번 터지기 시작한 눈물샘은 멈출 줄을 몰랐다. 유도 선수와 모델 활동, 사업을 하면서 경험했던 좌절의 순간들이 주마등처럼 스쳐 갔다. 뭐라도 소감을 말해야 하는데, 시상대 위의 나는 흐느끼고만 있었다. 하지만 동료들의 박수는 더 커져 갔다. 내 모습을 보며 눈가를 훔치는 사람도 있었다. 10분쯤 그렇게 눈물만 흘리다 결국은 딱 한 마디, 고맙다는 말만 하고 내려왔다.

그날의 눈물이 인생의 터닝 포인트가 되었다. '열심히 일한 만큼의 성과'를 맛본 나는 미친 듯이 앞만 보고 달렸다. 매일 5시 30분에 일어나 7시면 사무실에 도착해서 밤사이 닫혔던 문을 제일 먼저 열었다. 이렇게 일찌감치 시작된 하루 일과는 자정이 되어서야 끝났다. 하루 수면 시간은 기껏해야 서너 시간 정도. 최선을 다하니 성과도 따라왔다. 입사 첫해에 MDRT를 넘어 그보다 3배의 성과를 올려야 하는 COT(Court Of Table)를 달성하고 회사 연도 시상(MPC)에서 최고상인 골드 메달을 받았다. 상을 받은 것도 좋았지만, 무엇보다 아내와의 약속을 지킨 것 같아 뿌듯했다. 연도 시상식에 함께한 아내는 눈물을 글썽거리며 기뻐했다. 딸까지 세 식구가 함께 부상으로 받은 가족 해외여행을 떠났다.

첫해의 성과는 다음 해, 그다음 해에도 이어졌다. 연속해서 COT를 달성하고 MPC 골드를 받았다. 그러면서 사업 실패로 졌던 빚도 모두 갚을 수 있었다. 이런 성과를 올리면서도 기본에 더욱 충실하려고 노력했다. 고객과의 미팅 자리에는 무조건 베이식한 정장에 넥타이 차림으로 갔다. '패션모델 출신'이란 사실은 관심을 불러일으키기는 하지만, 보험이나 금융에 대한 신뢰를 얻기에는 불리한 조건이었다. 모델 시절처럼 멋을 부렸다가는 오히려 고객의 신뢰를 얻기 힘들다고 판단했다. 그래서 베이식한 정장으로 안정감과 신뢰를 주려고 했다.

외모에서 기본을 지키는 동시에 실력도 기본을 튼튼히 다졌다. 사실 중학교 때부터 운동을 한 탓에 책과는 한동안 거리가 멀었다. 하지만 궁하면 변하고, 변하면 통한다고 했던가. 간절한 마음으로 공부하자, 처음엔 알 수 없는 숫자만 가득해 보이던 책과 자료들이 하나둘 머릿속에 들어오기 시작했다. 그리고 마음 맞는 동료들과 스터디 그룹을 꾸려서 보험과 금융 공부에 매진했다. 일주일에 한 번씩 모임을 갖고 상품 분석에서 케이스 스터디까지 다양한 이야기를 나눴다. 동일한 사안을 여러 명의 관점으로 보니 혼자 공부할 때보다 확실히 도움이 됐다. 또한 함께 밥도 먹고, 가끔은 여행도 다니면서 팀워크를 다지니 회사 생활도 즐거워졌다.

이렇게 전문성을 키우다 보니 영업 초기의 계약들 가운데 설계가 허술했던 부분이 눈에 띄었다. 지금 알고 있는 것을 그때도 알

앗더라면 고객에게 더 유리한 보험 상품을 만들었을 텐데. 내가 아무 말 없이 넘어가면 고객도 알 수 없을 테지만, 당연히 그럴 수는 없었다. 고객님들을 찾아뵙고 사정을 솔직히 말씀드렸다. 그리고 고객님께 더 좋은 방향으로 계약 조건을 재구성했다. 이 과정에서 발생하는 손해는 내가 감수했다. 다행히 고객님들은 나의 진정성을 믿어 주셨고, 오히려 더 큰 신뢰를 보내 주셨다.

'고객님'이라는 무한 동력

고객님들은 내가 새벽부터 늦은 밤까지 뛰어다닐 힘을 얻는 무한 동력이다. 특히 나를 통해 맺은 보험 계약이 고객님께 조금이라도 도움이 될 때 더욱 큰 힘을 얻는다. 입사 6개월 만에 첫 보험금을 지급할 때도 그랬다. 당연히 드려야 하는 보험금을 챙겨 드린 것이었고, 심지어 별로 큰 금액이 아니었는데도 고객님은 무척이나 고마워하셨다. 그때 처음 깨달았다. 내가 열심히 일할수록 고객에게 더 큰 도움을 드릴 수 있는 것이구나. 전에도 머리로는 알고 있었지만, 가슴으로 깨달으니 나에게 다가오는 무게가 달랐다.

그때부터 내 고객뿐 아니라 아는 분들의 보험료도 꼼꼼히 챙기기 시작했다. 한번은 같이 모델 활동을 하던 후배의 어머니가 암 판정을 받았다는 소식을 들었다. 어머니는 친구분을 통해 암보험에 가입한 상태였고, 이미 보험료를 지급받았다고 했다. 동생처럼 친하게 지내는 후배였고 어머니 또한 몇 번 뵌 적이 있었기에 보험료를 검토해 드리겠다고 말씀드리고 자료를 받아 왔다. 꼼꼼히 검토해 보니 누락된 부분이 있었다. 유방암 판정을 받은 어머니는 이후 뇌종양도 생겼는데, 여기에 대해서는 보험금을 받지 못했던 것이다. 어머니께 여쭈어보니 친구인 보험 설계사가 그건 해당되지 않는다고 말했다고 한다. 하지만 다시 계약을 살펴보니 분명 받을 수 있는 돈이었고, 결국 보험료를 청구해서 8백만 원을 더 받을 수 있었다.

보험금을 수령한 날, 후배 어머니가 고맙다는 전화를 하셨다. 뿌듯한 마음에 앞으로도 보험금 청구는 제가 잘 챙겨 드리겠다고 말씀드리니, 어머니께서 갑자기 우시는 게 아닌가? 알고 보니 어머니는 암 치료 비용 때문에 어려움을 겪고 계셨고, 내가 청구해 드린 8백만 원이 정말 큰 도움이 되었던 것이다. 거듭 고맙다는 말씀을 들으면서 속으로 더 열심히 해야겠다고 다짐했다. 내가 노력한 만큼 다른 이에게 도움을 줄 수 있는 건 참 행복한 일이라는 생각도 했다.

사실 고객님들은 내가 도움을 드린 만큼, 아니 그보다 훨씬 더 많은 도움을 주신다. 제주도에 살고 계신 어느 고객님도 그랬다. 이 고객님은 내가 계약을 맺은 분이 아니었다. 애초에 계약을 맺은 보험 설계사가 퇴직해서 나한테 넘어온, 이른바 '고아 고객'이었다. 아무튼 내 고객이 되었으니 한번 뵈려고 제주도로 갔다. 고객을 만나기 위해 제주도를 찾은 것은 처음이었다. 하지만 첫 미팅은 별로 우호적이지 않았다. 아무래도 새로 바뀐 보험 설계사에 대한 신뢰가 쌓이기 전이라 그런 듯했다. 그렇다면? 더욱 열심히 해서 신뢰를 얻어야지!

고객님께 무슨 도움을 드릴 수 있을지 알아보다, 작은 사업체를 운영하는 고객님이 세금 문제로 고민한다는 사실을 알게 되었다. 내 인맥을 총동원하여 고객님의 세금 문제를 해결해 드렸고, 드디어 고객님의 신뢰를 얻을 수 있었다. 그러자 고객님의 가족뿐 아니라 지인들까지 줄줄이 소개받게 되었다. 덕분에 수많은 제주도 고객님과 인연을 맺을 수 있었다. 칭찬은 고래를 춤추게 하고, 고객님의 신뢰는 오늘도 나를 뛰어다니게 만든다.

나는 보험인이다

슬럼프를 새벽 출근으로 극복하다

모든 일이 마음먹은 대로만 되진 않는 법. 줄기차게 앞만 보고 달리던 나에게도 위기 비슷한 것이 찾아왔다. 시작은 월납 보험료가 제법 큰 법인 계약 한 건의 해지였다. 사업이 어려워져 폐업을 하게 되었으니 어쩔 수 없는 상황이었다. 비슷한 시기에 계약 한두 개가 더 해지되면서 보험 유지율이 떨어지고 급여가 줄어들었다. 그래도 아직은 연봉 2억 이상이었으니 큰 문제는 안 되었다. 더구나 내 잘못 때문이 아니니 툭툭 털고 일어나면 될 일이었다. 머릿속으로는 분명 별일 아니라고 생각했는데, 마음은 그러지 않았다. 앞만 보고 미친 듯이 달리면서 매달 세운 목표를 이루고 있었는데, 갑자기 성과가 꺾이니 마음도 꺾인 모양이었다.

사실 나는 몰랐는데 동료들이 먼저 알아보았다. 안색이 안 좋고 말수가 줄었다며 걱정해 주었다. 특히 같이 스터디하는 동료들이 걱정을 많이 했다. 이런 말을 듣고 보니 확실히 컨디션이 예전 같지 않았다. 똑같이 서너 시간만 자도 전에는 가뿐했는데, 지금은 몸이 무거웠다. 여전히 제일 먼저 출근해서 사무실 문을 열었지만, 전처럼 기분이 상쾌하지 않았다. 기왕 이렇게 되었으니 좀 쉬면서 몸과 마음을 추스를까? 그래, 3년을 하루같이 앞만 보고 달렸으니 이제 좀 쉴 때도 되었지.

그래도 매일 아침 5시 30분이면 저절로 눈이 떠졌고 몸이 자동으로 움직이며 출근 준비를 했다. 그리고 보니 이른 출근은 보험일을 시작하면서 나 자신과 한 약속이었다. 남들보다 늦게 시작했으니 남들과 다른 점이 한 가지쯤은 있어야 한다고 생각했다. 이건 나를 지키는 최후의 보루라는 생각이 들었다. 당장은 좀 힘들더라도 버티다 보면 컨디션이 회복될 듯했다.

마음을 고쳐먹고 이른 출근을 유지했다. 대신 업무 스타일을 바꿨다. 전에는 법인 계약 등 큰 건을 우선 추진했는데, 이제부턴 작은 계약이라도 일주일에 세 건 이상 꾸준히 유지하기로 목표를 조정했다. 작은 계약도 소중히 여기던 초심으로 돌아가자는 생각이었다. 메트라이프에서는 일주일에 세 건 이상 계약하는 걸 'STAR'라고 부른다. 이른 출근을 유지하면서 STAR를 꾸준히 달성하니 어느새 슬럼프를 벗어나 컨디션이 회복되는 것이 느껴졌다. 그리고 STAR 유지와 큰 계약도 하나둘 생겨났다. 역시 기본에 충실한 것이 중요하다는 사실을 다시 한번 느꼈다.

기본에 충실해야 성과도 오래간다

무엇이든 기본에 충실하기는 쉬워 보이지만 어려운 일이다. 보험 영업도 그렇다. 근태를 성실히 지키는 것, 열심히 공부해서 보험과 금융에 대한 전문성을 갖추는 것, 고객에게 진정성 있게 다가

가는 것 등이 그렇다. 늦게 출근한다고 뭐라 하는 사람이 없으니 출근 시간이 늦어지기 쉽고, 이미 알 만큼 안다는 이유로 보험과 금융의 최신 트렌드에 뒤처지기 쉬우며, 연차가 쌓여 갈수록 고객 이익보다는 내가 받는 수수료에 더 큰 관심을 갖기 쉽다. 하지만 이래서는 성과를 낼 수 없으며, 반짝 성과가 난다 해도 꾸준히 유지하기 어렵다.

이건 새로 보험 영업에 뛰어드는 후배들에게 늘 하는 말이기도 하다. 내가 지금까지 나름의 성과를 이룬 것 또한 기본에 충실한 덕분이라고 생각한다. 물론 기본만으로는 안 된다. 특히 나처럼 늦은 나이로 보험업계에 뛰어든 사람은 지금까지와는 다른 각오를 다져야 한다. 이전과 비슷한 자세로 일하면 보험업계에서 오래 버틸 수 없다. 그렇다고 남들보다 더 노력하라는 말은 아니다. 오히려 남들과 비교하는 대신 자신만의 목표와 페이스를 찾는 것이 중요하다. 보험 영업이란 다른 누구도 아닌 자신과의 싸움이기 때문이다. 자신만의 목표를 향해, 자신만의 페이스로 뚜벅뚜벅 나아가다 보면 어느새 목표에 가까이 다가갈 수 있을 것이다. 이렇게 몇 개의 목표를 이루다 보면 훌쩍 성장한 자신을 발견할 수 있다. 이때부터는 같은 노력으로 더 큰 성과를 낼 수 있어서 일이 좀 더 편하게 느껴지기도 한다.

일을 하다 보면 기본을 지키는 길보다 빨리 성과를 낼 수 있는 지름길이 보일 때도 있다. 나도 그런 경험이 있다. 내가 패션모델 출신이란 사실을 알게 된 고객님 중에 같이 술을 마시거나, 클럽에 가기를 원하는 분들이 있었다. 좀 더 노골적으로 모델 후배들을 불러서 같이 놀자는 분도 있었다. 이러면 고객과 쉽게 친해지고, 일도 더 잘될 것 같은 느낌도 들었다. 하지만 이럴수록 영업의 기본을 지키려고 했다. 사적으로 친해지기보다는 보험의 가치와 내 진정성을 전하려고 노력했다.

지금도 나는 고객들과 주로 차를 마시면서 미팅하고, 가급적 식사나 술자리는 갖지 않는다. 그래도 성과를 내는 데는 전혀 지장이 없다. 아니, 기본을 지킬 때 더 큰 성과를 더 오랫동안 낼 수 있다고 생각한다. 내가 고객님께 들으면 가장 기분 좋은 말, 꼭 듣고 싶은 말은 이것이다.

"정말 너무 열심히 일하는 모습이 보기 좋네요. 이렇게 열심이시니 믿고 계약할 수 있겠습니다."

이 말을 듣기 위해 나는 오늘도 제일 먼저 출근해 사무실 문을 연다.

'네트워킹'과 '수다'라는 영업 전략

기본을 충분히 다졌다면 자신만의 강점을 활용한 영업 전략을 더할 필요도 있다. 나는 다양한 인적 네트워크를 활용해서 고객에게 한 걸음 더 다가가고 있다. 이는 보험 영업을 시작하기 전에 여러 직업을 거치면서 맺어 놓은 광범위한 네트워크 풀이 있기에 가능한 일이다. 그리고 보험 일을 하면서 인연을 맺은 많은 고객들도 네트워크에 더해졌다.

네트워크를 제대로 활용하려면 우선 고객의 상황에 집중해야 한다. 그래야 어떤 네트워크를 어떻게 연결해야 할지 알 수 있다. 예를 들어 고객과의 통화에서 여름 휴가 이야기가 나왔다면 혹시 숙소는 구하셨는지 묻는다. 만약 아직이라면 아는 분을 통해 괜찮은 숙소를 저렴하게 구할 수 있으니 필요하면 언제든 말씀해 달라고 이야기한다. 실제로 나는 전국적인 콘도 체인에 잘 아는 분이 있어서 웬만한 지역은 괜찮은 방을 직원가로 구할 수 있다. 내 소개를 통해 숙소를 구하게 되면 고객은 당연히 고마움을 느낀다. 숙소를 구하지 못해 애먹고 있었다면 더욱더. 자연스럽게 나에 대한 호감도와 신뢰도가 높아지고, 영업에 긍정적인 효과를 준다.

영업과 별 상관이 없더라도 나는 고객에게 도움을 드리는 것이 좋다. 숙소를 구해 드리는 것도, 안경이나 렌즈가 필요하다면 아는 사람을 통해 좀 더 싸게 살 수 있도록 해 드리는 것도 즐겁다. 어찌 보면 사소한 도움이지만, 고객에게 고맙다는 인사를 받으면 흐뭇하다. 고객과 보험을 넘어 인간적인 관계를 맺는 느낌이 들어 좋다. 그래서 고객과 통화할 때는 사소한 한마디라도 놓치지 않고 내가 드릴 수 있는 도움을 찾아내곤 한다. 때로는 병원 진료를 좀 더 빨리 받을 수 있도록 돕고, 골프장 부킹도 잡아 드리고, 믿을 만한 자동차 딜러도 소개해 드린다.

내가 나름의 전문성을 가지고 있는 옷에 관한 조언과 도움도 빼놓을 수 없다. 이때는 패션모델 활동뿐 아니라 여러 해 동안 옷 장사를 통해 쌓은 노하우를 아낌없이 발휘한다. 단순히 어울리는 옷 추천을 넘어 머리부터 발끝까지 돋보이게 만드는 패션 아이템을 대신 구매해 드리기도 한다. 아예 시즌마다 일정 금액을 미리 보내는 고객들도 있다. 그러면 옷은 물론이고 모자부터 신발, 양말까지 풀 세트로 구매해서 보내 드린다. 그걸 입고 나섰을 때 주변 사람들이 열광적인 반응을 보였다는 말을 들으면 내가 다 뿌듯하다.

내가 잘 모르는 분야라도 도움을 드릴 수 있다면 마다하지 않는다. 와인 같은 경우가 그렇다. 나는 알레르기 때문에 술을 한 잔도 마시지 못한다. 하지만 잘 아는 분이 와인 총판을 운영하셔서 와인에 관심이 있는 고객을 연결해 드린다. 덕분에 저렴하게 구입한 와인 중 특히 마음에 드는 것이 있다는 말씀을 하시면 한두 병쯤 선물로 보내 드리기도 한다.

이렇게 여러 도움을 드리다 보면 어떤 고객님은 "겨우 월 납입금 몇만 원짜리 보험을 계약하고 이렇게 많은 도움을 받아도 되나?"라면서 미안해하고 고마워하신다. 이런 말씀이 특히 더 좋다. 지금까지 고객님들 덕분에 이룬 성과에 조금이나마 보답하는 마음이 든다. 가끔은 내가 정말 괜찮은 사람이 된 것 같은 느낌도 든다.

나는 보험인이다

그렇다고 무한정 퍼 드리기만 하는 건 아니다. 나는 지금까지 고객에게 명절 선물을 보내 본 적이 없다. 생일을 제외한 기념일도 잘 안 챙긴다. 대신 시도 때도 없이 생각날 때면 고객에게 전화해서 수다를 떤다. 그러다 보면 개인적인 이야기가 나오게 되고, 그런 가운데 도움을 드릴 수 있는 단서를 찾아낸다. 이렇게 드린 도움이 명절 선물보다 훨씬 더 큰 효과가 있다.

우리 가족의 '경제적 자유'를 위해

늦은 나이에 보험 일을 시작하면서 1년, 5년, 10년 단위의 목표를 세웠다. 여기가 정말 마지막이라고 생각했기 때문이다. 그러려면 오래 버텨야 하는데 단기와 장기 목표들이 나를 붙잡아 줄 거라고 생각했고, 이는 적중했다. 아마 매달 더 많은 월급을 목표로 삼았으면 쉽게 지쳤을 것이다. 하지만 1년, 5년, 10년 단위의 목표들이 지칠 때마다 다시 뛸 수 있는 힘을 주었고, 슬럼프가 와서 헤맬 때도 다시 돌아갈 수 있는 이정표가 되어 주었다.

첫해의 목표는 MDRT 달성이었다. 그런데 생각보다 좋은 성과를 내다 보니 COT라는 더 큰 목표를 향하게 되었다. 첫해 COT 달성은 쉽지 않았다. 그래도 새로운 목표는 밤낮을 가리지 않고 뛸 수 있는 힘을 주었고, 마침내 COT 달성까지 단 하나의 계약만을 남겨 놓았을 때였다. 고객님과 상담을 끝내고 계약서 사인만을 남겨 놓고 있었기에 달성한 것이나 다름없었다. 그런데 웬걸, 계약하기로 한 날 고객님과 연락이 안 되었다. COT 심사 마감일을 딱 하루 남기고 말이다. 아무래도 첫해 COT 달성은 무리였나 보다 생각하며 마음을 비우고 머리를 식히러 부산으로 내려갔다. 그날이 11월 29일이었다. 다음 날까지만 계약하면 COT를 달성할 수 있는 상황. 아무리 마음을 비우려고 해도 말똥말똥 잠이 오지 않았다. 결국 고객님에게 장문의 카톡 메시지를 보내고서야 잠들 수 있었다.

그런데 다음 날 아침, 기적 같은 일이 벌어졌다. 고객님이 급한 일 때문에 계약일을 깜박 잊었다면서 미안하다는 연락을 해 왔다. 그리고는 오늘이라도 계약서를 가져오면 사인을 하겠단다. 하지만 당장 부산에서 출발해도 마감을 맞출 수 없는 상황이었다. 부랴부랴 팀장님께 전화를 드렸고, 팀장님뿐 아니라 지점장님까지 총출

동해서 대신 계약을 받아 주셨다. 목표가 기적을 가져온 셈이다.

5년 차 목표는 '대표 FSR'이 되는 것이다. 대표 FSR은 일정한 성과를 이룬 FSR에게 주어지는 최고 단계로 영업을 하면서 매니저 역할도 할 수 있는 자격이 생긴다. 그러면서 자신이 관리하는 FSR의 영업 수당 중 일부를 분배받을 수 있고, 직접 영업한 성과의 수수료 비율도 올라간다. 한마디로 더 많은 성과금을 받을 수 있다는 얘기다. 또한 대표 FSR이 되면 필드에서 영업을 뛰는 대신 아예 관리자로 업종을 전환할 수도 있다. 물론 나는 그럴 생각이 전혀 없다. 10년 차 목표를 이루려면 영업 현장을 지켜야 하기 때문이다. 바로 메트라이프 전 사의 계약 금액과 계약 건수 챔피언을 동시에 달성하는 것이다. 결코 쉽지 않은 목표임을 안다. 하지만 이 목표가 나를 10년 차까지 계속 뛰게 만들어 줄 것이다.

목표 달성을 통해 결국 내가 이루고 싶은 것은 나와 우리 가족의 '경제적 자유'다. 대학생 때부터 사업의 흥망성쇠를 여러 번 겪으며 경제적 자유가 얼마나 중요한지 뼈저리게 느꼈다. 물론 100억이나 200억처럼 특정한 숫자를 달성했을 때 비로소 경제적 자유가 온다고는 생각하지 않는다. 그보다는 내가 정한 목표를 이루고, 그것이 경제적 보상으로 이어지는 선순환이 어느 정도 진행되었을 때 경제적 자유와 마음의 여유를 얻을 수 있다고 생각한다. 그때가 되어서도 일을 그만둘 생각은 없다. 대신 새로운 목표를 세우고 새로운 방식으로 일을 해 나갈 것이다.

Profile

남택함
FSR

Slogan

아무 일도 하지 않으면,
아무 일도 일어나지 않는다!

입사 후 교육 때 처음 접한 문구. 무엇이든 일단 저지르고 보는 내 스타일과 잘 맞아서 책상에 붙여 놓고 지칠 때마다 들여다보며 힘을 얻었다. 지금도 힘들 때면 이 글을 보면서 초심을 다진다.

Work

5시 30분 기상, 7시 출근은 입사 후부터 지금까지 지키고 있는 루틴이다. 퇴근은 밤 12시에서 1시 사이. 술 대신 운동을 열심히 한 덕분인지 크게 피곤한 줄 모른다. 대신 토요일에는 늦잠을 자면서 쉬고, 일요일에는 아내 대신 육아를 전담한다.

Know-how

다양한 인적 네트워크와 '시도 때도 없는 수다'의 활용. 생각나면 언제든 전화를 걸어 수다를 떨다 고객의 니즈가 파악되면 네트워크를 통해 도움을 준다. 나름의 전문성을 갖고 있는 패션에 관한 조언도 빼놓을 수 없다.

Dream

우리 가족의 '경제적 자유'

지금 유치원에 다니는 아이가 성인이 되기 전에 꼭 이루고 싶은 목표다. 100억이나 200억처럼 특정한 숫자보다는 내가 정한 목표를 이루고, 그것이 경제적 보상으로 이어지는 선순환 구조를 만들고 싶다. 물론 그렇게 된다 해도 일을 그만두는 대신 새로운 목표를 세우고 새로운 방식으로 일을 해 나갈 것이다.

Career

입사 첫해 '라이징 루키'와 '슈퍼 루키' 달성
MDRT 1회, COT 3회 달성
회사 연도 시상식(MPC) 4회 수상
STAR(3W) 170주 이상 기록 중

나는 보험인이다

1983   서울에서 목사님 아버지와 어린이집 원장님 어머니 슬하의 4형제 중 셋째로 태어남. '택함'은 '하나님이 택한 사람'이란 뜻

1990   초등학교 입학. 음악을 좋아해 악기를 배우면서 음악 목사를 꿈꿈

1996   중학교 입학. 우연히 접한 유도에 재능을 보이면서 학생 선수가 됨. 이후 전국 대회에서 메달을 딸 정도로 두각을 나타냄

2001   고3 때 부상으로 유도 포기. 인생의 첫 좌절

2002   명지대 사회체육학과 입학. 아는 누나의 권유로 모델 수업을 받다 직업 모델이 되기로 결심하고 대학 자퇴 후 모델학과로 재입학

2003   아디다스 전속 모델 합격. 이후 10년 동안 아디다스 전속 모델로 활동. 짬짬이 커피숍, 맥줏집 알바도 병행

2007   인터넷 쇼핑몰 창업으로 대박. 하지만 주식 투자 실패로 쪽박

2016   아는 형과 시작한 사업이 무리한 자금 운영으로 부도. 회사는 문을 닫고, 개인 빚만 4억 넘게 남음

2017   결혼 후 백화점 명품 시계 매장에 취업. 최고 매출을 올렸지만, 사장이 약속을 지키지 않아 사표를 던짐

2018   아는 후배의 권유로 메트라이프 입사. 첫 달에 사업단 최고 실적을 기록하고 상을 받으며 펑펑 울었음. 첫해에 '슈퍼 루키'와 COT 달성. 이후 3년 연속 COT 기록

2022   9월 현재 STAR(3W) 170주째 기록 중

04

경력 단절
전업주부의

김소은 FSR

보험 영업
분투기

대학을 졸업하고 헤드헌터로 일하다 아이를 낳으면서 경력 단절 전업주부의 길로 들어섰다. 같은 업종에서 일하다 보험 영업을 시작한 남편과 같이 떠난 '연차 시상 해외여행'에서 처음으로 보험 영업에 대한 매력을 느꼈다. 그렇게 보험 일을 시작했지만, '저능률 FSR' 딱지를 좀처럼 떼지 못할 정도로 부진했다. 하지만 둘째를 출산한 뒤로 심기일전, 각종 사내 시상을 휩쓸면서 MDRT와 COT를 달성했다. 요즘도 매일 출근할 수 있는 직장이 있다는 사실에 감사하며 한 걸음씩 전진하는 중이다.

괌으로 향하는 비행기 안은 이미 축제 분위기였다. 반가운 인사와 사방에서 터지는 웃음소리. 신랑 사무실을 방문하면 늘 얼굴을 보던 같은 본부 직원과 가족들이 비행기 한 대를 전세 내어 오롯이 차지하고 있었으니 그럴 만도 했다. 더구나 '회삿돈'으로 가는 '연차 시상 해외여행'이 아닌가. 한 해 동안 뛰어난 성과를 이룬 직원과 그 가족들에게 보상으로 주어지는 공짜 해외여행. 나는 직원인 남편을 따라가는 가족이었지만, 왠지 내가 열심히 일한 보상을 받는 것만 같아 괜히 뿌듯하고 기분이 좋았다. 하긴 내가 아이 잘 키우고 열심히 살림한 덕분에 남편이 일을 잘했으니 근거 없는 뿌듯함은 아니었다.

괌 공항은 메트라이프에서 마련한 환영 조형물과 포토 존으로 꾸며져 있었다. 비행기뿐 아니라 공항까지 전세를 낸 것만 같았다. 최고급 리조트에 여장을 풀고, 함께 온 메트라이프 FSR들과 다양한 행사를 즐겼다. 그중에는 전국에서 모인 FSR들의 사연을 듣는 시간도 있었다. 저마다 다른 경로로 메트라이프에 입사했고, 나름의 노력을 통해 영광의 자리에 서게 된 보험 영업인들. 정말 대단한 분들이었다. 거기에 비하면 집에서 애 키우고 살림하는 나는 초라하게만 느껴졌다.

그때 단상 앞에 선 중년 여성의 목소리가 귀에 확 꽂혔다.

"메트라이프 입사 전까지만 해도 저는 그냥 집에서 애 키우고 살림하는 보통 아줌마였어요."

그런데 보험 영업인이 된 뒤로 열심히 노력해서 이 자리에 설 수 있게 되었단다. 가만, '애 키우고 살림하는 아줌마'였다고? 그건 바로 나를 가리키는 말 아닌가? 그렇다면 나도 저분처럼 성공할 수 있다는 말일까? 하지만 다음 순간 바로 고개를 저었다. 내 안에 있던 보험에 대한 편견이 고개를 들었던 탓이다. 나는 남편이 보험사로 직장을 옮기겠다고 말했을 때 1년 넘게 반대하던 아내였다. 늦어도 반년 안에 확실한 성과를 보여 주겠다는 남편의 다짐을 받고 겨우 이직에 동의했다. 결국 남편은 약속을 지켰지만, 내 편견은 크게 달라지지 않았다. 더구나 나도 보험 일을 할 수 있다는 생각은 해 본 적도 없었다. 그러니 아무리 비슷한 상황의 여성이 보험 영업인으로 성공했다 한들 나와는 먼 이야기로만 생각되었다.

번쩍 뜨인 내 눈이 다시 반쯤 감긴 뒤로도 중년 여성의 이야기는 이어졌다.

"최근에 저는 세상에서 가장 사랑하는 FSR 동료가 생겼습니다. 바로 제 아들과 예비 며느리예요. 애들아, 이리 나와서 같이 인사드리자!"

젊고 멋진 예비 부부가 나와서 어머니와 함께 환히 웃었다. 같이 인사하며 앞으로 잘 부탁드린다고, 어머니가 가신 길을 따르게 되어 영광이라고 말했다. 가만, 보험 일이 자식뿐만 아니라 예비 며느리에게도 권할 만큼 진짜 좋은 일인가? 나 같은 사람의 편견 속에서도 이렇게 밝고 활기찬 표정은 뭐지? 또 여성 FSR들은 왜 이 사람들을 향하던 시선은 내게로 돌아왔다. 아이를 낳으면서 소위 '경단녀'가 되고, 산후 우울증을 혹독히 앓은 탓에 자존감이 한없이 추락한 모습이었다.

혹시 나도 보험 일을 시작하면 이분들처럼 당당한 모습을 다시 찾을 수 있을까? 가치 있는 일을 한다는 보람을 얻을 수 있을까? 나중에 내 아이가 큰 뒤에 자랑스럽게 내 일을 권할 수 있을까? 아직은 확실히 "그렇다!"라는 대답이 나오지 않았다.

헤드헌터에서 경단녀로

내가 처음부터 자존감 제로의 전업주부였던 것은 아니다. 나는 대학 졸업 후 취업한 헤드헌팅 회사에서 나름 잘나가는 커리어 우먼이었다. 새로운 직장을 찾는 사람과 새로운 인재를 찾는 회사를 연결하는 일은 언제나 보람 있었다. 새 직장을 찾은 사람들이 감사 인사를 전해 올 때, 그분들이 새로운 회사에서 성장하는 모습을 지켜볼 때, 또 다른 도약을 꿈꾸며 다시 연락해 올 때도 그랬다.

회사가 원하는 인재를 찾아내는 일은 마치 초등학교 소풍 때의 보물찾기 같았다. 해당 업계를 꼼꼼히 뒤지다 보면 어느 순간 보석 같은 인재가 눈에 띄었다. 이런 분들께 스카우트를 제안하고, 고민하는 분들께 조언을 드리고, 그 과정에서 새로운 기회를 찾는 모습을 보면 정말 뿌듯했다.

남편도 거기서 만났다. 그는 헤드헌팅 업계에서 능력을 인정받는 선임 직원이었다. 나와 일하는 동안에도 여기저기서 스카우트 제의를 받을 정도로. 나는 남편의 능력뿐 아니라 따뜻한 마음씨에 자연스럽게 끌렸다. 우린 연애하면서도 일 이야기를 참 많이 했다. 서로에게 조언도 하고 보람도 함께 나누고, 때로는 선의의 경쟁도 하는 좋은 동료이자 연인이었다. 결혼한 뒤에도 이런 생활은 변함이 없었다. 일과 사랑, 결혼을 통한 안정까지 이루며 행복한 나날을 보내게 되었다.

변화는 출산과 함께 찾아왔다. 큰애를 낳던 10년 전만 해도 대부분의 직장에서 출산은 퇴사와 동의어였다. 나도 여자 선배들처럼 출산에 즈음하여 사표를 냈다. 사실 그때는 별로 억울한 생각도 없었다. 세상에서 가장 소중한 생명을 선물로 받았으니. 더구나 남편은 여전히 잘나가는 직장인이었다. 직장을 다니는 친구들은 "이제 직장 스트레스 없이 남편이 벌어다 주는 돈으로 편하게 살겠구나!"라며 덕담 아닌 덕담을 해 주었다. 나는 그렇게 경력 단절 전업주부가 되었다.

하지만 실제로 맞이하게 된 육아와 살림은 예상과는 전혀 다른 세계였다. 아이는 깨어 있는 시간 내내 엄마를 찾았고, 아이가 잠깐 잠든 사이 아무리 열심히 치우고 닦아도 집 안은 언제나 뒤죽박죽이었다. 또 아이는 밤마다 왜 자다 깨다를 반복하는 건지. 쪽잠으로 퉁퉁 부은 눈을 제대로 뜨지도 못한 상태로 젖병을 물리고 토닥토닥했다. 이건 마치 퇴근 없이 24시간 일하는 직장 같았다. 그렇다고 새벽부터 늦은 밤까지 일하고 들어온 남편을 깨울 수도 없는 노릇이었다.

체력이 고갈되니 컨디션과 함께 자존감까지 곤두박질쳤다. 나는 이제 세상에서 할 수 있는 일이 이것밖에는 없는 사람 같았다. 신랑이 육아에 적극 참여할 때는 나보다 더 아이를 잘 키우는 것 같아 오히려 짜증이 났다. 내가 할 수 있는 유일한 일인 육아마저도 남편보다 못한다고 생각하니 자존감은 바닥을 뚫고 내려갔다. 더불어 그런 내 모습이 못난이처럼 느껴졌다. 집에서 살림하며 아이 하나 키우기가 이토록 어려운 일이었다니. 세상 모든 전업주부가 위대하게 보였다. 나는 세상에서 가장 못난이처럼 보이고.

남 일처럼 여겼던 육아 우울증이 어느새 내 앞에 닥쳐온 느낌이었다. 집 안에 아이와 나만 버려진 느낌. 남편도 다른 가족들도 나를 사랑한다는 사실을 머리로는 알고 있지만, 마음은 자꾸 다른 생각을 했다. 그런 모습이 못나 보이고 부끄러워 또다시 나를 탓하게 되었다. 그러니 상황이 더욱 악화될 수밖에. 지금까지 살면서 최악의 상황에 맞닥뜨린 듯했다. 세상에서 가장 사랑하는 아이를 낳았는데 최악의 상황이라니, 모두 내 잘못인 것만 같아 견딜 수가 없었다.

나는 보험인이다

남편의 보험 영업, 응원과 미움 사이

이런 상황에서 남편이 보험 영업에 뛰어들겠다고 하니, 내 입에서 좋은 소리가 나올 리 없었다. 보험 영업에 대한 '원초적 선입견'마저 있었으니 더 그랬다. 선입견에 특별한 이유는 없었다. 그냥 '영업직'이 불안하고 '보험 영업직'은 더욱 부정적이었다. 친척 중에 보험 영업을 하는 분들이 제법 있었음에도 그랬다. 물론 우리 집은 그분들을 통해 보험을 들었는데, 딱히 불만은 없었다. 아니, 정확히 말하자면 나는 보험에 관심도 없고 보험을 알지도 못했다. 오히려 그래서 선입견이 더 강했던 듯하다.

남편은 1년 넘게 나를 설득했다. 헤드헌터로 일하던 남편의 가장 큰 불만은 성과와 능력만큼 대우가 따라오지 못하는 현실이었다. 연공서열을 강조하던 조직 문화 탓도 있었다. 이런 분위기에서 뛰어난 성과는 오히려 질투와 시기의 대상이 되었다. 때로는 상사나 팀장이 성과를 가로채기도 했다. 이런 과정을 반복하며 실망이 쌓여 가던 남편은 성과만큼 보상을 받는 건 영업직뿐이라며 설득했다. 그리고 정수기나 중고차, 녹즙 판매 같은 1회성 영업이 아니라 짧으면 몇 년, 길면 평생 동안 고객과 관계를 맺고 도움을 드리면서 성과도 올릴 수 있는 보험 영업을 원했다.

헤드헌터 일을 통해 사람들과 관계 맺기에 익숙해진 남편은 보험 일도 자신 있다고 했다. 아이가 한 살이라도 어릴 때 이직을 해야지, 시간이 가면 더 힘들어질 거라고도 했다. 이번이 처음이자 마지막 도전이니 자신을 믿어 달라고 했다. 그래도 내가 설득되지 않자 남편은 마지막 제안을 했다. 딱 6개월만 시간을 달라고. 그동안 보험업계에서 자신의 능력을 보여 주고, 내 편견을 바꿔 주겠다고 했다. 평생 처음이자 마지막으로 6개월만 도전의 기회를 달라는 제안까지 거부하진 못했다.

이직 후 남편은 출근 모습부터 달라졌다. 사무실에 꿀단지라도 숨겨 놓았는지, 콧노래를 부르며 출근길에 나섰다. 그리고 정말 열심히 노력했다. 그 모습에 홀린 탓이었을까. 원래 '절대로 도와주지 말고 지켜보다가 성과가 안 나오면 그만두게 해야지' 하고 다짐했건만, 나도 모르게 지인을 열심히 소개해 주고 있었다. 그렇게 남편은 첫해의 성과를 인정받아 '연차 시상 해외여행'으로 아들과 첫 해외여행을 갈 수 있었고, 그 뒤로도 두세 달이 멀다 하고 포상 해외여행을 떠났다.

처음에는 내 일처럼 기쁘고 남편이 자랑스러웠다. 하지만 남편이 해외에 있는 동안 집에서 홀로 아이와 씨름하다 보니 스트레스가 두 배로 쌓이는 것 같았다. 혼자만 해외로 다니는 남편이 처음에는 부럽다가, 나중에는 서운하고 미워지기까지 했다. 그래서 남편이 처음으로 MDRT를 달성하고 참여하려는 해외 연차총회를 못 가게 막았다. 남편은 첫 연차총회의 의미와 중요성을 강조하면서 꼭 가고 싶어 했지만, 그럴수록 괜히 해외에 가고 싶어 핑계를 대는 것만 같아 끝까지 반대했다.

나중에 내가 MDRT 커리어를 달성하고 첫 연차총회에 참석해 보고서야 알았다. 그 자리가 보험 영업인에게 얼마나 뜻깊고 귀한 자리인지. 마치 다시 태어나 돌잔치를 하는 것처럼 연차총회에서 받은 축하와 격려는 앞으로 보험 일을 하면서 두고두고 힘을 얻을 수 있는 선물 같았다. 그래서 지금은 너무나 미안하고 후회스럽지만, 그때는 혼자 떠나려는 남편이 정말 얄미웠다. 부러움을 넘어 미움과 질투가 느껴질 정도였다.

교육 마지막 날, 눈물 콧물 유언장

예전에 어느 시인이 '질투는 나의 힘'이라고 했다던가. 남편에 대한 부러움과 질투는 '나도 한번 해 볼까?' 하는 도전으로 이어졌다. '그래, 한때는 나도 남편 못지않게 능력을 인정받는 헤드헌터였지.' 남편의 연차 시상 해외여행으로 떠난 곳에서 보았던 '시어머니 FSR'의 모습이 다시 떠올랐다. 또 다른 행사에서 만난 당당한 여성 FSR들도 도전의 이유가 되었다. 이들에 대한 부러움이 내가 도전하는 힘이 된 것이다.

이런 생각이 머릿속에서 맴돌던 무렵, 남편 회사 행사에 함께 갔다가 차를 타고 돌아오면서 나도 모르게 이런 말이 흘러나왔다.

"보험 일을 하면 나도 멋지고 당당해질 수 있을까?"

하지만 곧 머릿속에 먹구름이 가득 찼다. 진짜 내가 잘할 수 있을까? 아직도 손이 많이 가는 아이는 어쩌고? 괜히 했다가 이도 저도 아니면 어쩌지? 갈팡질팡하는 내 질문에 남편은 명쾌한 해답을 주었다.

"일단 해 보고 다시 생각하자!"

당장 성공할 생각보다는 내가 할 수 있는 일이 생긴다는 데 의의를 두자고 했다. 산후 우울증의 터널을 통과하면서 자존감이 바닥을 치는 내 모습이 안쓰러웠다고. 새로운 일을 찾고, 잃었던 자존감을 회복하는 것만으로도 충분히 가치 있는 도전이라며 응원해 주었다.

　그렇게 용기를 내 면접을 보고 남편이 다니는 메트라이프에 입사했다. 이어지는 한 달의 교육 기간 내내 설레고 즐거웠다. 무엇보다 아침에 일어나서 갈 곳이 생겼다는 사실만으로도 행복했다. 출근을 위해 화장하고 옷을 입고 구두를 신고 또각또각 길을 나서면 날아갈 것만 같았다. 매일 아침 8시 30분까지 출근해 교육을 마치면 밤 10시쯤에야 파김치가 되어 집에 올 수 있었지만, 마음만은 늘 행복했다. 아침이면 출근을 할 수 있다는 사실에 눈이 저절로 떠졌다.

　아이와도 더욱 각별해졌다. 그전처럼 늘 곁을 지키며 챙겨 주지 못해 미안한 마음에 아이를 보는 시간만큼은 더욱 정성을 쏟았다. 24시간 아이를 봐야 할 때는 가끔 육아가 부담으로 다가오기도 했지만, 이제는 아이와 함께 있는 순간순간이 소중하게 느껴졌다. 처음에 집을 나설 때면 울면서 따라오던 아이도 엄마의 출근이 점차 익숙해졌다. 아마도 엄마와 확실한 애착 관계가 형성된 덕분인 듯했다. 이 정도면 육아도 일도 모두 잘할 수 있을 것만 같았다.

　하지만 교육이 끝나기도 전에 사소하지만 신경 쓰이는 걸림돌을 만났다. 남편의 존재를 알게 된 동기들이 부러운 표정으로 "소은이는 남편이 도와줄 테니 걱정 없겠다."라고 했다. 그저 순수한 마음에서 한 이야기일 테지만, 듣는 나는 신경이 쓰였다. 좋은 성과를 올려도 결국 '남편 덕분'이 되는 건 아닐까? 못하면 "남편이 도

<u>와주는데도 그것밖에 못 한다.</u>"라는 소리를 듣고 말이야. 여기까지 생각이 미치자 서글픈 마음마저 들었다. 남편한테 고민을 털어놓으니 다시 한번 단순한 대답이 돌아왔다.

"시간이 해결해 줄 거야. 네가 오랜 시간 성과를 이어 나가면 누구도 남편 덕분이라는 말을 못 할 거니까. 그 시간 동안 너 자신만 잃지 않으면 돼."

그리고 드디어 교육 종료일, 신입 교육 마지막 미션은 '유언장 쓰기'였다. 저녁을 먹고 사무실에 혼자 올라가 세 시간 동안 유언장을 썼다. 내 유언장을 마주하고 보니 죽음이 현실로 느껴졌다. 남편에게 아이에게 부모님께 한 글자 한 글자 마지막 말을 남기는데, 갑자기 눈물이 쏟아지고 가슴이 아파 왔다. 그렇게 세 시간 동안 화장이 다 지워질 만큼 소리 내어 엉엉 울었다. 눈이 퉁퉁 부은 채로 집에 가면서 다짐했다. 유언장을 쓰는 마음으로 하루하루 감사하며 살아가겠다고.

지금도 이 유언장을 책상 서랍 한편에 고이 모셔 놓고, 힘들 때마다 꺼내 보며 초심을 되새긴다.

남편은 역시 남의 편?

　　유언장 작성을 끝으로 교육을 마무리하고 드디어 본격적인 보험 영업인 생활이 시작되었다. '자, 이제부터 나도 멋지고 당당한 FSR이 되는 거야!' 마음속으로 소리치며 힘차게 시작했지만, 현실은 생각처럼 아름답지 않았다. 아니, 오히려 냉혹한 사각 링에 더 가까웠다. '핵 주먹' 타이슨이 그랬다. "누구나 그럴싸한 계획이 있다. 처맞기 전까지는."

　　동기들은 영업 시작 첫 달에 최고 계약 건수를 올린다는데, 나는 '전혀 아니올시다'였다. 마치 고시 공부를 하듯 상품을 공부하고 약관 강의를 들으러 다녔지만, 계약은 가물에 콩 나듯 한두 건뿐이었다. 그러면서도 업무에 들이는 시간은 한 달에 수십 건 계약을 올리는 사람과 비슷했다. 오죽하면 내 별명이 '저능률 FSR'이었을까. 들이는 노력에 비해 결과는 보잘것없다는 의미였다. 심지어 '잘나가는 남편이 있으니 쉬엄쉬엄하는 것'이란 비아냥도 들렸다.

　　하지만 정작 '잘나가는 남편'은 전혀 도움이 안 되었다. 그래도 내가 속한 영업 팀의 팀장이었으니 개미 눈곱만큼이라도 도움이 될 법하건만, 현실은 정반대였다. 남편이 다른 팀원들보다 나에게 특히 더 엄격했던 탓이다. 살뜰히 챙겨 줘도 어려운 판에 입만 열면 지적질이었다. 용기 내서 뭐 하나 물어보면 다른 선배들한테 찾아가 보라며 등을 떠밀었다. 서러움과 아니꼬움을 꾹 참고 다시 한번 도움을 요청해 봐도 마찬가지였다. 지금이야 "남편의 하드 트레이닝이 나를 키웠어요."라고 웃으며 말할 수 있지만, 당시에는 정말 서럽고 자존심이 상했다. "남편은 '남의 편'이라더니 정말 내 남편이 딱 그렇군!"이라는 소리가 절로 나왔다.

그렇게 자타공인 저능률 FSR로 몇 달을 보낸 뒤, 둘째를 임신하게 되었다. 사실 2년 전부터 둘째를 준비하며 기다리다 거의 포기한 상태였다. 머리로는 분명 크나큰 축복임을 알겠는데, 마음속은 복잡하기만 했다. 뭐 하나 제대로 할 줄 모르는 왕초보 상태에서, 큰애도 남의 손에 겨우 맡기고 있는데 덜컥 둘째라니…. 진심으로 기뻐하는 남편을 보면서도 마냥 같이 기뻐할 수만은 없었다. 이런 마음이 둘째한테 미안해 또다시 자존감이 바닥을 치고 내려갔다.

그리고 입사 첫해를 평가하는 사내 연도 시상식. 수많은 상패와 트로피 중 나를 위한 것은 단 하나도 없었다. 그동안 일에 쏟아부었던 그 많은 시간과 노력은 어디로 사라진 것일까? 나는 분명 최선을 다해 뛰었는데 허송세월이 되어 버렸구나. 배불뚝이 임산부로 6시간 넘게 상을 타는 동료들을 지켜봤다. 퉁퉁 부은 다리로 서서 박수를 치며 배 속의 둘째에게 다짐했다. '이제 엄마는 달라질 거야. 너에게 부끄럽지 않은 엄마가 될게. 네가 세상에 나오면 저 시상대에 올라 상을 타는 엄마를 볼 수 있을 거야.' 정말 독하게 마음먹고 출산 직전까지 악착같이 영업을 한 뒤에 아기를 낳으러 들어갔다.

나를 바꾼 고객의 한마디

출산 4개월 만에 다시 직장으로 복귀했다. 예정보다 조금 서둘렀다. 출산 휴가가 끝날 무렵 여기저기 전화를 돌려 예비 고객들과 약속을 마구마구 잡아 놓았다. 그리고 복귀 첫날부터 정말 미친 듯이 일했다. 고객이 불러만 준다면 땅끝이건 섬이건 마다하지 않았다. 전라남도 광주를 당일치기로 다녀오고, 생전 처음 가 본 울릉도에선 날씨 탓에 배가 안 떠 하루를 더 있어야 했다.

모든 출장을 뚜벅이로 다닌 점도 어려움을 더했다. 일을 시작하기 전에는 신랑이 운전을 도맡았고, 일을 시작한 후에는 너무 바빠 운전면허증을 딸 시간이 없었다. 그러니 더욱 부지런히 움직일 수밖에. 같은 사무실에 있는 팀원들 얼굴도 한 달 내내 한두 번이나 봤을까. 하긴 복귀 첫 달에는 우리 아이들 얼굴도 몇 번 못 본 것 같다. 출산한 지 몇 달 안 되어 무리를 하니 컨디션도 정상이 아니었다. 한번은 목소리가 안 나온 날이 있을 정도였다.

그래도 발바닥에 땀이 나도록 전국을 뛰어다닌 보람이 있어, 복귀 첫 달에 입사 이래로 가장 많은 계약 건수를 기록했다. 둘째가 배 속에 있을 때 한 약속을 지킨 것 같아 기뻤다. 하지만 기쁨도 잠시, 새로운 달이면 또다시 제로 베이스에서 시작이었다. 지난달 실적은 지나간 이야기일 뿐, 이번 달과는 전혀 상관없었다. 다시 한번 발바닥에 땀이 나도록 뛰는데, 생각지도 못한 복병(?)을 만났다.

복병은 지인에게 소개받은 고객이었다. 평소처럼 여러 상품 설명서를 챙겨 가서 상품 제안을 하려는데, 고객 반응이 영 싸늘했다.

"보험 영업하는 분들은 다 똑같은 것 같아요. 기존에 가입한 상품은 별로라고 하면서 새로운 상품에 가입하도록 유도하죠. 마치 옛날에 자기가 지어 준 이름도 재수 없다며 개명을 추천하는 작명가처럼요."

이 말을 듣자 준비한 상품 설명서를 꺼낼 수도 없었다. 나도 새로운 상품과 보장을 권유하려던 참이었으니. 대신 솔직하게 부족함을 인정하고 다시 한번 기회를 달라고 부탁드렸다. 지금은 준비한 것이 별로 없지만, 다음 주에는 정말 제대로 준비해서 오겠으니 잠시만 시간을 내 달라고.

"그러시든가요."

고객의 말투는 여전히 싸늘했지만, 일말의 가능성은 남아 있었다. 일주일 동안 여유 시간 모두를 보험증권분석(보험보장분석)에 할애했다. 남들이 만들어 놓은 툴을 대충 활용한 증권분석 말고, 나만의 툴로 완전히 새로 만드는 증권분석. 그렇게 한눈에 들어오는 1페이지짜리 증권분석을 만들어 놓고 거울 앞에서 설명하는 연습을 거듭했다.

드디어 고객과의 2차 미팅 시간. 처음으로 상품 설명서 대신 나만의 툴로 만든 증권분석 페이퍼를 내밀었다. 특정 보험 상품의 모든 보장을 한눈에 비교 분석해 볼 수 있는 한 장짜리 서류였다.

그걸 본 고객의 어깨가 자연스럽게 앞으로 나왔다. 이런 건 처음 본다며 자기 보험증권도 이런 식으로 분석해 줄 수 있냐고 물었다. 나는 시간이 좀 걸리지만 당연히 가능하다고 말씀드렸다. 그랬더니 본인뿐 아니라 가족 것까지 모두 11권의 보험증권을 가져왔다. 그걸 받아 나오니 어깨가 처질 만큼 무거웠지만, 기분은 구름 위를 걷는 듯했다. '복병 고객' 덕분에 영업력이 한 단계 업그레이드되는 순간이었다.

첫눈, 첫 키스 그리고 첫 MDRT

발바닥에 땀이 나도록 뛰어다니고, 머리에 쥐가 나도록 증권 분석을 거듭한 덕분에 출산 휴가에서 복귀한 해에 입사 이후 최고의 성과를 올릴 수 있었다. 그해 연도 시상식에는 처음으로 내 이름이 불렸다. 한 해 전 배불뚝이로 박수 치며 바라보던 시상대에 직접 서게 된 것이다. 정말 만감이 교차하며 다시 한번 눈물이 흘러내렸다. 경력 단절 전업주부가 되고 산후 우울증을 겪으면서 바닥을 뚫고 내려갔던 자존감이 회복되는 느낌이었다. 이제야 떳떳한 엄마, 당당한 아내, 자랑스러운 딸, 멋진 며느리가 된 것만 같았다.

두 달 뒤에는 회사에서 보내 주는 가족 해외여행을 떠났다. 남편의 시상 여행을 따라간 지 5년 만에 내가 포상으로 받은 여행에 우리 가족이 함께한 것이다. 목적지는 싱가포르. 여행을 준비할 때부터 귀국하는 순간까지 행복했다. '김소은 FSR의 가족'이라고 쓰여 있는 이름표를 몇 번씩 꺼내 보던 기억이 지금도 선명하다. 바쁘고 부족한 엄마 아래서도 잘 자라 준 아이들이 대견하고, 나를 이 길로 이끌어 준 남편이 고마웠다. 이런 엄마의 마음이 전해진 걸까. 큰애는 지금도 이때의 싱가포르 여행이 가장 좋았다고 말한다.

그해에는 경사가 하나 더 있었다. 내가 드디어 보험 영업인들의 명예의 전당인 MDRT(백만 달러 원탁회의) 멤버가 된 것이다. 입사 초기 저능률 FSR로 고생할 때는 막연하게 '10년 안에만 달성하면 좋겠다'고 생각하던 꿈을 입사 2년 만에 이루었다. 처음에는 꿈만 같다가, '내가 벌써 이래도 되나?' 하는 생각까지 들었다. 이제 겨우 보험이 무엇인지 알 듯 말 듯한 초보 FSR에게 MDRT는 언감생심이었기 때문이다. 동료들이 자기 일처럼 기뻐해 주자 그제야 실감이 났다. 싱가포르를 다녀오고 한 달 뒤, 생애 첫 MDRT 연차총회에 초대되어 LA에 다녀왔다.

생각해 보면 무엇이든 첫 경험은 사람을 설레게 만든다. 첫 눈, 첫 만남, 첫 키스. 내게는 첫 MDRT 연차총회도 그랬다. 처음으로 MDRT를 달성한 사람에게 부여되는 '퍼스트 타이머(FIRST TIMER)' 이름표를 받았을 때는 정말 세상을 다 가진 사람처럼 그저 행복했다. 이미 여러 차례, 혹은 종신 MDRT에 오른 선배님들도 퍼스트 타이머를 보면 더 크게 격려해 주셨다. '새로 태어난 기분'이 바로 이런 것일까? 연차총회에서 만난 사람들, 경험한 모든 일들이 새롭고 신기했다.

첫 MDRT 연차총회는 내가 지금까지 보험 일을 할 수 있도록 힘을 주는 소중한 경험이었다. 전 세계에서 모인 수많은 보험 설계사들이 첫 MDRT 커리어를 달성한 나를 축하해 주었다. 이렇게 많고 다양한 사람이 전 세계 구석구석에서 보험업계에 종사하고 있다니 너무도 신기했다. 나는 이제 겨우 첫돌을 맞은 갓난아기에 불과하니 앞으로 더 겸손하고, 진정성 있게 성장해야겠다고 다짐한 시간이었다. 이렇게 뜻깊은 자리에 남편을 못 가게 막은 일이 다시 한번 후회되고 미안했다. '앞으로 내가 더 잘해야지. 집에서도 사무실에서도.' 이제야 남편이 그토록 원했던 '보험 영업인의 길'에 완전히 합류한 느낌이었다.

아이의 초등학교 입학, 엄마의 최고 실적

첫 MDRT를 달성한 다음 해, 큰애가 초등학교에 입학했다. 아이가 초등 1학년이 되는 건 엄마도 초등 1학년이 된 것과 같았다. 무엇을 어떻게 해야 할지 감이 잡히지 않는 어리바리 오리무중의 시간. 어떤 선배는 "올해만큼은 일이 아니라 아이에게 집중해야 후회가 남지 않을 거야."라고 말했고, 또 다른 선배는 "네가 열심히 살아가는 모습을 보여 줘야 아이도 학교에 잘 적응하고 책임감 있게 잘할 거야."라는 이야기를 해 주었다. 둘 다 이미 아이의 초등학교 시절을 보낸 선배 엄마들이었다. 나름 아이를 잘 키우신 선배들이 서로 다른 조언을 해 주니 더욱 헷갈렸다.

고민 끝에 일단 마음을 비웠다. '그래, 일단 아이를 우선으로 놓고 틈틈이 일에 집중하자.' 이렇게 마음을 정하니 홀가분해졌다. 항상 아이를 먼저 챙긴 뒤에 일을 하려고 했지만, 역시 쉽지 않았다. 다만 여행 포상이 걸린 캠페인은 악착같이 받으려고 노력했다. 가족과 함께 가는 여행이라면 더욱더. 그래야 나중에 아이에게 할 말이 있을 것 같았다. 그런데 이게 웬일인가? 미친 듯이 일만 했던 지난해보다 아이까지 열심히 키운 올해에 훨씬 더 좋은 성과를 올렸다. 여기에는 같이 일하는 팀원들의 격려와 응원 그리고 팀플레이가 큰 역할을 했다.

남편이 팀장인 우리 팀은 실적이 딱 중간이었다. 팀 분위기를 중시했던 남편은 실적보다 함께 어울려 즐겁게 노는 걸 강조했다. 최고 실적 팀 전체를 해외여행 보내 주는 '팀 챌린지' 공고가 떴을 때도 마찬가지였다. 공고를 본 남편은 "우린 팀 챌린지와 상관없이 하던 대로 신나게 놀자!"라고 말하고는 팀 회식을 열었다. 분위기는 좋았지만 저마다 마음속으로 '이건 좀 아닌데…' 하고 생각했나 보다. 회식이 끝난 뒤에 팀 막내에게서 전화가 왔다. 그리고는 "이번 팀 챌린지에서 무조건 우리 팀이 최고 실적을 찍자."라는 이야

나는 보험인이다

기를 건넸다. 나도 최고를 찍을 테니, 누나도 최고를 찍고 다른 팀원들도 최고를 찍도록 독려해 달란다.

막내가 나섰는데 내가 가만히 있을 수 없었다. 다음 날 팀장, 그러니까 남편을 뺀 모든 팀원이 따로 모였다. 그리고 이번 팀 챌린지에서 반드시 1등을 하기로 결의를 다졌다. 그날부터 각자 스케줄을 단톡방에 공유하면서 서로 격려와 응원을 이어 갔다. 칭찬은 고래를 춤추게 하고, 격려와 응원은 실적을 끌어올렸다. 그달 우리 팀은 모두가 평소보다 더 많은 실적을 올렸고, 팀 챌린지에서 우승했다. 팀 역사상 최초였다. 여행지에선 무대에 올라 <챔피언>을 떼창하고, 다시 한번 서로를 칭찬하며 최고의 밤을 보냈다. 이렇게 만들어진 에너지는 다시 우리 모두를 힘차게 뛰도록 했다. 덕분에 그해 나는 아이도 잘 챙기고, 포상 여행도 많이 가고, 최고의 실적도 얻을 수 있었다.

물론 모든 게 완벽하지만은 않았다. 결과적으로 좋은 성과를 얻긴 했지만, 거기에 이르는 과정은 녹록지 않았다. 특히 아이와 일 사이에서 갈등하는 시간이 그랬다. 무엇을 선택하든 마음속에 찜찜함이 남았다. '내가 지금 잘하고 있는 것인가' 하는 고민도 계속되었다. 이건 아마도 모든 워킹 맘이 갖게 되는 숙명적인 고민이 아닐까? 워킹 맘에게 슈퍼우먼이 되길 강요하는 우리 사회에서는 더욱더.

그해에 팀원들에게 자주 하던 말이 있다. "난 지금 대관령 옛길을 걸어가는 것 같아. 굽이굽이 고개는 이어지는데, 언제 끝날지

도무지 감을 잡을 수 없는 길. 가끔 그림 같은 풍경을 마주할 때면 가슴이 뿌듯해지기도 하지만, 보통은 한 치 앞도 안 보이는 안개 속을 걷는 것만 같아." 다행히 팀원들이 언제나 힘이 되어 주었다. 덕분에 최선을 다할 수 있었고, 만족할 만한 결과를 얻었다.

고객에게 상처받고, 고객에게 힘을 받고

최고의 성과를 올리면서 어려운 일도 많았다. 그중에서도 역시 사람에게 상처받는 일이 가장 힘들었다. 팀 챌린지에 올인하던 때였다. 아주 어릴 적부터 친한 친구를 만나 수다를 떨고 있었다. 수다 끝에 친구에게 팀 챌린지 이야기를 하면서 지인 소개를 부탁했다. 친구는 이미 나에게 보험 계약을 했기 때문에 소개가 그리 어려운 일이라고 생각하지 않았다. 그동안 보험에 관해 이것저것 챙겨 주었으니, 나를 통한 보험 가입 만족도가 높을 거라 여겼기 때문이다.

그런데 이게 웬일. 내 이야기를 들은 친구는 갑자기 "넌 나한테 남자는 소개해 주지 않으면서 고객만 소개해 달라고 하냐?"라고 쓴소리(?)를 했다. 처음엔 농담인가 싶었는데, 친구는 진짜 화가 나 있었다. 당황하는 내 앞에서 친구는 점점 목소리를 높이더니 급기야 "너한테 가입한 보험, 해약하긴 아까우니 담당자를 바꿔 줘!"라고 말하고는 카페 문을 박차고 나가 버리는 것이 아닌가?

친구가 나간 뒤에도 한동안 멍했다. 그리고는 나도 화가 났다. '아니, 내가 못 할 말이라도 한 건가? 자기랑 나랑 친구한 지가 몇 년인데, 고객 소개 하나 부탁 못 하나? 하기 싫으면 안 해 주면 그만 아닌가?' 나도 카페 문을 열고 나갔다. 이미 버스와 전철은 끊긴 시간, 그날따라 택시는 왜 그리도 안 잡히던지…. 화는 누그러졌는데 눈물이 흘러내렸다. 보험 때문에 친구를 잃게 되었다는 생각에 서러웠다.

하지만 얼마 뒤, 또 다른 고객에게서 힘을 받는 일도 생겼다. 이분은 다른 담당자에게서 넘겨받은 고객이었다. 소위 '고아 고객'이라 불리는 케이스다. 일단 넘겨받았기에 별생각 없이 얼굴을 한

번 뵙자고 연락드렸다. 그렇게 만난 자리에서 이런저런 말씀을 나누다 고객님이 사망보험금을 받는 보장성보험이 하나도 없다는 사실을 알게 되었다. 지금까지 가입한 보험은 모두 저축성보험이었다. 대기업 이사님이라 생활에 상당히 여유가 있는 데도 불구하고 말이다. 자녀들이 이미 장성한 것도 아니었다. 고객님 자녀들은 아직 해외 유학 중인 학생이었다. 자녀가 어리다면 당연히 만약의 사태에 대비해야 하는 게 아닐까? 사망보험금의 소중함을 곁에서 지켜봐 온 나였기에 반사적으로 질문이 나왔다.

"자녀도 어린데 왜 보장성보험이 없으시죠?"

"제가 아직 나이도 그렇고 굳이 필요성을 못 느껴서요."

순간 내 목소리 톤이 올라갔다. 지금까지 일하면서 생생히 체험했던 보험금의 필요성을 강조했다. 이사님이 잠자코 듣고 있는 동안 내 목소리는 점점 더 높아졌다. 나중에는 마치 학생을 훈계하는 선생님이 된 듯한 기분까지 들어서 겨우 자제했지만, 보험금을 강조한 것은 내 진심이었다. 그런 진심이 통해서일까? 이사님은 고개를 끄덕이며 말씀하셨다.

"듣고 보니 보험금이 정말 중요하군요. 저도 보장성보험에 가입해야겠네요."

"당연하죠! 사망보험금으로 생각하시는 최고액과 최소액을 2일 내에 말씀해 주시면 제가 준비해 보겠습니다."

이 말을 뱉고 속으로는 순간 당황했다. 처음 만난 고객에게 사망보험금 이야기를 꺼낸 것도 모자라 구체적인 금액을 생각해 보라 말하다니. 기분 나쁘다고 기존 계약까지 해지하는 건 아닐까? 나를 빤히 보던 이사님은 의외의 답을 했다.

"그럼 3일 뒤, 같은 시간에 저희 사무실에서 뵙죠."

그렇게 두 번의 미팅 만에 종신보험 월 보험료 최고 기록을 세울 수 있었다. 계약 후 이사님은 내 눈빛과 목소리에서 정말 유가족을 생각하는 느낌을 받았다고 말씀하셨다. 어려운 전문 용어로 빙빙 돌려 말하지 않고 '구체적인 사망보험금 액수를 생각해 보라'는 이야기에 오히려 믿음이 갔단다. 덕분에 본인이 사망했을 때 가족이 어떤 상황일지 구체적으로 생각해 본 적이 없다는 사실을 깨닫게 되었다고. 그러면서 미소를 지으며 "언젠가 그런 상황이 되면 소은 씨가 우리 가족한테 오늘 이야기를 해 줬으면 좋겠어요."라고 덧붙이셨다.

'그래, 내가 하는 일은 정말 소중한 일이구나.' 얼마 전 친구에게 받은 상처가 깨끗이 씻겨 나가는 것 같았다.

고객과 함께 상품 만들기

고객들을 만나면서 나만의 영업 노하우도 생겼다. 기라성 같은 동료들에 비하면 노하우라고 부르기도 민망한 수준이지만, 고객과 만남에서 늘 지키는 나만의 원칙이다. <u>무엇보다 중요한 건 진</u><u>실과 솔직함이다. 언제나 고객 입장에서 최선이 무엇인지를 따져</u><u>보며 있는 그대로 말씀드리는 것.</u> 사실 이건 모든 보험 영업인이 지켜야 할 기본 원칙이기도 하다. 이는 윤리적일 뿐만 아니라 현실적인 원칙이다. 요즘처럼 거의 모든 정보가 공개되어 있는 상황에서 진실하고 솔직하지 못하다면 결코 오래갈 수 없다.

또 하나 내가 늘 지키는 원칙은 <u>'보험 상품은 고객과 함께 만든</u><u>다'는 것이다. 세상에 누구에게나 완벽한 보험 상품이란 없다.</u> 사람마다 자기한테 가장 적합한 보험 상품이 있을 뿐이다. 이건 가치관과 우선순위의 문제이기도 하기 때문에 아무리 전문가라도 남이 몽땅 알아서 만들어 줄 수는 없다. 물론 상품 구성을 제로 베이스부터 같이 하는 건 아니다. 먼저 상담을 통해 고객의 상황과 니즈를 파악한다. 그리고 그걸 반영해 두세 가지 보험 상품 초안을 잡는다. 그 뒤에 고객과 만나서 디테일한 구성을 함께 만들어 가는 것이다.

이건 마치 건축 설계사와 함께 내가 살 집을 짓는 것과 같다. 아마 자기 집을 지으면서 모든 것을 건축 설계사에게 맡기는 사람은 없을 것이다. 또한 건축 설계사가 제시한 두세 가지 설계안 중에 하나를 고른 뒤, 나 몰라라 관심을 끊는 사람도 없을 것이다. 자신과 가족을 위한 집을 짓는다면 자기 의견이 반영된 설계안이 나온 뒤에도 건축 설계사와 충분히 소통하면서 디테일을 잡아 나가지 않을까. 평생 살 집을 그렇게 지어야 한다면 평생 보장받을 보험 상품도 그렇게 만들어야 한다. 다만 이런 방식으로 보험 상품을 구성하면 보험 설계사의 일이 많아진다. 건축주의 요구를 제대로 반영하려면 건축 설계사의 일이 많아지는 것처럼.

보험 상품을 고객과 함께 만들다 보면 상담 횟수 또한 늘어난다. 누군가는 단 한 번의 상담으로 클로징(계약)까지 이루어지는 걸 자랑스럽게 말하지만, 나는 한두 번의 상담으로 계약까지 가는 일이 거의 없다. 대신 고객과 함께 맞춤 상품을 만들어 간다. 쉽지는 않지만 재미와 보람이 있다. 이렇게 완성된 보험 상품은 당연히 고객의 만족도도 높다. 상품에 대한 높은 만족도는 높은 유지율로 이어진다. 그러니 이건 보험 설계사인 나에게도 좋은 일이다.

성과도 위기도 결국은 사람이더라

팀원들과 으쌰으쌰 힘을 모아 최고의 성과를 올린 다음 해, 팀에 최악의 위기가 찾아왔다. 팀원 중 일부가 타사 이직을 고민하고 있다는 사실이 알려졌다. 하나로 뭉쳐 잘나가던 팀 분위기가 싱숭생숭해지고 서로를 격려하는 목소리에도 힘이 빠졌다. 동료들 덕분에 성장했고, 성장하고 있고, 성장할 수 있다고 굳게 믿어 왔는데 헤어진다고 생각하니 가슴이 찢어질 듯 아팠다. 마치 생사의 고비를 함께 넘어온 전우를 잃는 느낌이랄까. 이직을 결심한 동료들은 나에게도 손을 내밀었다.

하지만 그 손을 잡을 수도, 냉정히 뿌리칠 수도 없었다. 나를 믿고 손을 내밀어 준 것은 고맙지만, 남은 동료들을 생각하면 선뜻 손을 잡기가 어려웠다. 더욱이 나를 믿고 계약해 준 고객들을 떠올리면 도저히 떠날 수가 없었다. 그렇게 몇 달이 흐르는 동안 팀원들도 나도 몹시 흔들렸다. 결국 몇몇은 떠나고 나머지는 남았다. 팀장이었던 남편은 이 과정에서 받은 상처를 치유하느라 세 달이나 휴가를 냈다.

떠난 사람은 떠나도, 남은 사람은 살아야 했다. 팀에 남아 준 팀원들을 남편 대신 내가 챙겼다. 3개월 만에 돌아온 남편도 힘을 내 조직을 바닥부터 다시 세워 나갔다. 어려운 시간을 견딘 덕분에 우리 팀은 다시 정상 궤도에 올라섰다. 타사로 이직했던 예전 팀원들이 돌아오고 싶어 할 정도로 문제는 대부분 해결된 듯 보였다. 하지만 사람으로 겪은 위기는 내 몸에 깊은 상처를 남겼다. 갑자기 악몽을 꾸거나 잠들지 못하는 밤이 지속되었다.

처음에는 '며칠 이러다 말겠지' 하고 넘어갔는데, 좀처럼 나아질 기미가 보이지 않았다. 정신과 의사 선생님인 고객에게 이런 상황을 말씀드렸더니 '번아웃' 진단을 내리셨다. 번아웃? 나처럼 밝고 긍정적인 사람이? 지금도 하루 종일 활기차게 뛰어다니는데? 더구나 왜 한창 괴로울 때가 아니라 문제가 어느 정도 해결된 지금에서야? 인정할 수 없었지만, 전문가의 눈은 정확했다. 잠을 못 자고 악몽을 꾸니 컨디션이 엉망이 되고 사람을 만나기가 싫어졌다. 내가 만나는 사람에게도 내 안의 어두운 기운이 전염될 것만 같았다.

그렇게 세 달쯤 지났을까? 꾸역꾸역 최소한의 일만 처리하고 있는데, 미국에 계신 시어머니께서 전화를 하셨다. 자꾸 하혈을 해서 병원에 다니는데, 복통까지 심해져 초음파 사진을 찍었더니 10cm가 넘는 물혹이 발견되었다는 것이다. 급히 귀국하시도록 했지만, 하필이면 코로나19가 한창일 때라 자가 격리까지 해야만 했다. 강남 성모 병원에서 응급 수술을 받았는데, 수술을 마친 의사 선생님이 "다행히 암은 아닌 듯하다."라고 말씀하셨다. 가족 모두 안도의 한숨을 내쉬며 기뻐했다.

하지만 수술 후 외래 진료 첫날, 모든 것이 드라마처럼 한순간에 바뀌었다. 다시 만난 의사 선생님이 처음과는 전혀 다른 눈빛으로 "조직 검사를 해 보니 암으로 판정되었다."라고 말씀하셨다. 보호자로 따라간 나는 애써 침착함을 유지하려 했지만, 심장이 쿵쾅거리는 소리가 내 귀에 들릴 지경이었다. 다시 여러 검사를 거친 결과, 어머님의 암은 예후가 나쁘지 않아 수술하고 추적 검사만 잘하면 된다는 진단을 받았다. 다시 한번 안도하면서 생각했다.

'나에게 보험을 가입한 고객님들도 운이 나쁘면 이런 과정을 겪으시겠지? 그러면 내가 옆에서 힘이 되어 드려야 할 텐데, 언제까지 번아웃에 빠져 있을 건가…'

돈은 비타민이다

어머님을 돌보면서 조금씩 번아웃의 동굴에서 빠져나올 수 있었다. 우리 어머님처럼 도움이 필요한 고객들을 생각하니 저절로 힘이 났다. 하지만 번아웃에서 빠져나온 나는 예전과 조금 달라졌다. 그동안은 앞만 보고 달려왔는데, 이제는 뒤를 돌아보는 여유가 생겼다. 뒤돌아보니 내가 지나온 길이 보였다. 오르막과 내리막이 마치 주식 그래프처럼 널뛰고 있었다. 어떤 오르막에선 세상을 다 가진 것만 같았고, 어떤 내리막에선 세상이 끝난 것만 같았다.

지금 돌아보니 오르막도 내리막도 소중한 내 삶이었다. 앞으로는 오르막에서 크게 자만하지도, 내리막에서 아주 낙담하지도 않을 것이다. 오르막에선 내리막을 떠올리고, 내리막에선 오르막을 기대할 수 있을 것 같다. 다만 내가 가고자 하는 인생의 방향대로, 다른 사람에게 도움과 좋은 영향을 주면서 살아간다면 마지막에 내 주변을 둘러싼 사람들이 "그래, 소은이는 참 열심히 살면서 좋은 일을 많이 했어."라고 말해 주지 않을까. 그런 마지막을 생각하면 슬프기보다 위로가 된다. 힘들 때마다 신입 교육 때 썼던 유언장을 꺼내 보는 것도 같은 이유다.

가끔은 고객에게 상처를 받고 훨씬 더 자주 고객에게서 힘을 받지만, 모든 고객 그리고 주변의 동료에게서도 인생을 배운다. 고객 중엔 아주 큰 가르침을 주는 분도 있다. 인도에 봉사 활동을 다니시던 의사 선생님 내외분이 그랬다. 부부가 함께 일군 큰 재산을 기부하시고, 재능 기부 봉사를 위해 매년 인도를 방문하셨다. 그러면서 말씀하셨다.

"나에게 돈은 비타민 같아요. 없으면 죽을 정도로 중요하긴 한데, 필요 이상으로 섭취한 것은 모두 소변으로 빠져나가 버리죠. 대신 다른 사람과 나누면 생명을 구할 수 있어요."

솔직히 난 이분의 경지까지는 못 갔다. 그래도 이 고객님 덕분에 새로운 방향을 갖게 되었다. 이제는 나도 기회가 닿는 대로 봉사와 나눔에 동참하려고 한다. 생각해 보면 내가 벌어들인 돈은 고객님들이 나누어 주신 것이나 다름없다. 나도 받은 것이니 다른 사람과 나누는 것이 당연하다. 아직은 나눔이 충분하진 않지만, 조금씩 이런 방향으로 가다 보면 더 좋은 삶에 닿을 것 같다. 그 길에 보험은 좋은 파트너가 되어 줄 것이다.

삼대가 이어 가는 보험 영업을 꿈꾸며

고객에게 좋은 영향을 받다 보니 나에게도 구체적인 봉사 목표가 생겼다. 사실 이건 우리 시어머니의 꿈이기도 하다. 교회에 다니시는 어머님은 다양한 봉사 활동에도 열심이시다. 그중에는 아프리카에 우물을 만드는 일도 있다. 식수 부족으로 고통을 겪는 아프리카 마을에 우물을 만들면 물 부족을 해결할 뿐 아니라 먼 곳에서 물을 떠오느라 몇 시간씩 걸어야 하는 아이들이 학교에 갈 수도 있단다.

어머님은 당신 이름으로 아프리카 마을에 우물 20개를 파는 꿈을 가지고 계신다. 우물 하나를 파는 데도 많은 비용과 노력이 들기 때문에 결코 쉽지 않은 일이지만, 어머님은 늘 기도로 준비하고 여유가 생길 때마다 비용을 모으고 계신다. 어머님을 보면서 나도 아프리카에 우물을 기부해야겠다고 결심했다. 어머님이 두 개를 할 때마다 한 개씩. 어머님이 꿈을 이루면 그보다 작은 내 목표도 달성될 것이다. 그럼 더 많은 아프리카 아이들이 맑은 물을 마시며 공부할 수 있을 것이다.

또한 나 자신만의 꿈도 있다. 지금 하고 있는 보험 일을 계속하는 것. 너무 소박한 것 아니냐고? 나에게는 전혀 그렇지 않다. 보험 영업은 의지만 가지고 계속할 수 있는 일이 아니다. 무엇보다 고객들의 신뢰가 필수다. 동료들과의 화합도 중요하다. 그래야 일을 계속할 힘을 얻을 수 있을 테니까. 내가 가는 길에 남편도 언제나 함께였으면 좋겠다. 고객들도 우리 부부가 같은 팀에서 함께 일한다는 이야기를 들으면 더 신뢰가 간다는 반응이다. 나중에는 우리 아이도 함께했으면 좋겠다. 물론 본인이 원한다는 전제하에서 말이다.

지금 11살인 큰애는 우리 부부가 일하는 사무실에 자주 놀러 온다. 가끔은 고객 미팅에 동행하기도 한다. 상담을 진행하는 동안

나는 보험인이다

아이는 엄마가 일하는 모습을 자랑스럽게 지켜본다. 이러다 보면 아이도 자연스럽게 우리가 하는 일을 이어받지 않을까. 예전에 꽘에서 봤던, 자신의 아들과 예비 며느리를 자랑스럽게 소개하던 여성 FSR 가족처럼 말이다.

MDRT 연차총회에서 만난 외국의 보험 영업인 중에는 삼대가 함께하는 경우도 여럿 있었다. 얼마나 보기 좋던지. 내가 지금 하는 일이 자식과 손자까지 이어 가며 할 만큼 가치 있는 일이란 생각에 가슴이 뿌듯했다. 우리도 그랬으면 좋겠다. 그러기 위해서는 진실하고 솔직하게, 무엇보다 우리 아이가 자랑스러워할 만큼 당당한 자세로 일해야 할 것이다. 이것은 오늘도 나 스스로에게 하는 다짐이기도 하다.

Profile

김소은
FSR

Slogan

**내가 쓰러지지 않으면,
어느 누구도
나를 쓰러뜨릴 수 없다!**

COT 달성 한 달 전, 기대와 부담이 교차하던 때 택시를 잡다 우연히 본 문구. 이걸 본 순간 이상하게 마음이 차분해지면서 '내가 포기하지 않는 한, 올해가 아니면 내년이라도 COT가 될 수 있다'는 생각이 들었다.

Work

월요일은 7시 30분까지 출근해 내근을 하면서 일주일 미팅 계획을 잡는다. 화~목요일은 미팅과 상담을 진행하고, 금요일은 그 내용을 정리하는 시간으로 삼는다. 고객별 맞춤 상담 준비와 정리에 상당한 시간을 들이는 편. 집안일을 해 주시는 분이 있지만, 일과 육아, 살림을 병행하기가 쉽지는 않다.

Know-how

고객과 함께 보험 상품 만들기. 고객에게 딱 맞는 보험 상품을 위해 큰 그림을 그린 후 디테일한 구성은 함께 만든다. 마치 건축가가 건축주와 충분히 소통하면서 설계하는 것처럼. 평소에도 생각날 때마다 고객님들께 문자와 전화를 드리고, 생일날에는 손 편지를 보내 드린다.

Dream

성인이 된 아들도 이 일을 함께!

첫 번째 버킷 리스트는 종신 MDRT 회원이 되어 아이들과 함께 연차총회에 가는 것이다. 지금까지 COT를 포함해 6번 MDRT 회원이 되었으니, 4번만 더 하면 종신회원이 될 수 있다. 그리고 아이들이 성인이 되면 우리 부부와 함께 가족 FSR이 되면 좋겠다.

Career

MDRT 4회, COT 2회 달성
사내 연도 시상식(MPC) 5회 수상
메트라이프 고객 만족 우수 FSR 선정

나는 보험인이다

1986   평범하고 화목한 맞벌이 집안에서 태어남. 30년간 한 직장을 다닌 어머니는 아침밥을 꼬박꼬박 챙겨 주심

1993   초등학교 입학. 주말이면 아빠 손을 잡고 가족 나들이를 즐겼음

1999   중학교 입학. 학창 시절에는 걸 스카우트 활동을 하는 등 활발하고 꿈 많은 소녀였음

2005   공대 입학. 생각과 다른 학과 분위기에 편입을 준비하기도 했으나, 그보다는 주로 재미있게 놀았음

2009   인턴을 거쳐 헤드헌팅 회사에 취업. 한 번 옮긴 같은 업계 회사에서 지금의 남편을 만나 연애 시작

2012   결혼과 출산을 거치면서 퇴사, 소위 '경단녀'가 됨. 여기다 산후 우울증으로 자존감이 바닥을 침

2013   신랑의 보험사 이직. 걱정과는 달리 남편은 마치 물 만난 고기처럼 즐겁게 일함

2014   신랑을 따라 연도 시상으로 받은 괌 여행을 감. 여기서 아들과 예비 며느리까지 같은 일을 하는 여성 FSR을 보고 신선한 충격을 받음

2016   메트라이프 입사. '저능률 FSR'로 해매다 12월에 둘째 출산

2017   한 달 빠른 복귀 후 최고 실적을 올리며 MDRT 달성. 임신한 채 몇 시간 동안 서서 박수만 치던 사내 연도 시상대에 드디어 오름

2018   큰아이는 초등학교에 입학하고, 나는 입사 후 최고 실적을 달성

2020   COT 달성. 2021년에도 COT를 이어 감

05

평범하지만
성실하게,

이세혁 FSR

고객의
든든한
버팀목 되기

학창 시절부터 평범하지만 꾸준히 노력하는 삶을 살아왔다. ROTC로 군 복무를 마친 뒤 입사한 보험사에서도 그랬다. 처음부터 화려한 성공을 좇기보다는 성실함을 무기로 차근차근 성과를 쌓았다. 덕분에 입사 이후 지금까지 3W(일주일에 3건 이상의 보험 계약 유치)를 300주 가까이 이어 가고 있다. 이런 성과를 인정받아 5년 연속 사내 연도 시상식(MPC)에서 상을 받았고, 작년에는 입사 5년 만에 COT도 달성했다. 오늘도 고객들의 삶에 든든한 버팀목이 되기 위해 꾸준히 노력하고 있다.

평범하지만 성실하게, 고객의 든든한 버팀목 되기 | 이세혁

"카톡!"

경쾌한 카톡 알림 소리에 무심코 메시지를 확인한 순간, 내 눈을 의심했다.

<부고>
김00 님의 장녀 김00 님께서
2021년 0월 0일에 별세하셨기에
삼가 알려 드립니다.

* 빈소 – 00병원 장례식장
* 발인 – 2021년 0월 0일
* 상주 – 김00(연락처 010-****-****)
** 코로나19로 인해 조문은 받지 않는 점 양해 부탁드립니다.
따뜻한 마음으로 고인의 명복을 빌어 주시기 바랍니다.

장녀 김00 님은 내 고객이었다. 이제 갓 20대 중반을 넘긴 여성 고객님. 불과 며칠 전에 통화하면서 서로의 안부를 챙겼는데, 이런 문자를 받다니 도저히 믿을 수 없었다. 이분과는 내가 메트라이프에 입사하던 해에 처음 인연을 맺었다. 당시 나는 2030을 위한 보험과 재테크 블로그를 운영했는데, 대학생이던 고객님이 질문을 올리면서 자연스럽게 상담으로 이어졌다. 온라인으로 몇 차례 질의응답을 나눈 뒤에는 오프라인에서도 만났다. 이 무렵 대학에서 운동선수로 활동하던 고객님은 향후 진로와 재테크에 관심이 많았다.

나는 고객님 질문에 성심껏 대답했다. 진로와 재테크는 내가 대학 시절 고민하던 문제이기도 했다. 나는 보험과 금융 컨설턴트로서, 또한 인생 선배로서 먼저 쌓은 지식과 노하우를 나눴다. 고객님은 진심으로 고마워했고, 얼마 후에는 보험 계약에 사인하면서 진짜 내 고객이 되었다. 그리고 원하던 대로 실업 선수가 된 뒤에는 주변 동료들도 소개해 주었다. 그렇게 서로를 챙기면서 좋은 관계를 유지하고 있었는데, 뜻밖의 부음은 그야말로 마른하늘에 날벼락 같았다.

비통한 마음으로 빈소에 가서 조문하고, 유가족과 이야기하면서 다시 한번 마음이 무너졌다. 고인이 스스로 목숨을 끊었다는 이야기를 들었기 때문이다. 이후 사망보험금 청구를 위해 관련 자료를 챙기다 예전에 고객님이 쓴 유서를 발견했다. 물론 진짜 유서는 아니었다. 고객과 상담을 진행하면서 신입 교육 때 배운 '유서 쓰기' 프로그램을 도입한 결과물이었다. 상담에서 나와 고객님은 각자 유서를 쓰고 서로의 유서를 보관했다. 그리고 저마다 유서를 쓰는 마음으로 열심히 살아가자고 다짐했다.

당시에는 너무 사적인 내용이라 일부러 눈여겨보지 않았는데, 다시 보니 고객님의 고민과 어려움이 구구절절 쓰여 있었다. 아, 내가 이런 내용을 미리 알고 좀 더 현실적인 도움을 줄 수 있었더라면…. 옛 유서를 유가족께 전해 드리면서 너무나 마음이 아팠다. 하지만 마냥 슬픔에 잠겨 있을 수만은 없었다. 고객님의 어린 동생들과 큰 병을 앓고 계시는 어머니를 잘 챙겨야겠다고 마음을 다잡았다. 더불어 다른 고객들도 비슷한 고민을 하는 건 아닌지 더욱 잘 살펴야겠다고 마음먹었다.

외갓집의 행운과 불행에서 배운 것

나는 고객의 삶에 든든한 버팀목이 되기 위해 보험 설계사가 되었다. 비록 뜻밖의 부음에 부족함을 뼈저리게 느끼긴 했지만, 남은 가족과 고객들에게 더욱 튼튼한 버팀목이 되기 위해 열심히 노력하고 있다. 이건 개인적인 경험에서 나온 목표이기도 했다.

어린 시절 우리 집은 평범한 가정이었다. 맞벌이 부모님의 외동아들로 크게 부유한 편은 아니었지만, 딱히 부족함도 없이 자랐다. 다만 어머님이 일하시는 동안에 할머니가 나를 키워 주셨다는 점이 친구들과 조금 달랐다. 그래도 부모님의 맞벌이로 할머니 손에 크는 아이가 나 말고도 여럿이어서 학창 시절 별다른 위화감을 느끼지는 못했다.

친가랑 외가도 비슷한 살림살이였다. 그러다 내가 중학교에 다닐 때 뜻밖의 행운이 외갓집에 찾아왔다. 한적한 농촌이던 외가 마을에 신도시가 들어서면서 수십억 원대의 토지 보상금이 나온 것이다. 대대로 농사를 짓던 외갓집은 마치 로또에 당첨된 듯 잔칫집 분위기였다. 하지만 기쁨도 잠시, 뜻밖의 행운은 생각지도 못한 문제를 낳았다.

첫 번째 문제는 토지 보상금 분배를 둘러싸고 일어났다. 너무 큰돈을 받게 된 외할아버지와 외할머니는 불안한 마음에 보상금을 자식들에게 미리 증여하기로 했다. 외갓집 자녀는 어머니와 이모 한 분, 삼촌 4분까지 총 6남매였다. 요즘의 법과 상식대로라면 당연히 자녀들에게 똑같이 나눠야겠지만, 옛날 유교 관념에 철저했던 외할아버지는 그렇게 하지 않았다. 대신 보상금 대부분을 아들들에게 증여하고, '출가외인'인 딸들에게는 조금만 나눠 줬다. 이 과정에서 부모 자식 간 그리고 형제자매 간에 갈등이 빚어졌다. 법정 다툼까지 가지는 않았지만, 화목하던 사이가 서먹해졌다.

더 큰 문제는 증여 뒤에 일어났다. 갑자기 큰돈이 생긴 삼촌들이 변한 것이다. 성실하게 일하며 살림을 꾸려 가던 삼촌들은 점차 씀씀이가 헤퍼졌다. 일하는 대신 술을 마시는 날이 늘었고, 도박에까지 손을 대는 분도 생겼다. 이제는 농부 대신 사업가 행세를 했지만, 제대로 된 사업은 하지 못했다. 오히려 돈을 보고 달려드는 사기꾼들의 꼬임에 빠져 큰돈을 날리기도 했다. 결국 삼촌들은 토지 보상금을 대부분 날리고 예전 형편으로 되돌아갔다. 하지만 이미 음주와 도박, 과소비에 빠진 터라 생활은 예전보다 훨씬 못했다. 어린 내가 보기에도 안타까운 모습이었다. 나중에 경영학과에 들어간 뒤에는 안타까움이 더 커졌다. 그때 삼촌들 곁에 믿을 만한 금융 전문가가 있었다면 큰 도움이 되었을 텐데…. 이런 마음은 이후 내가 보험사에 입사하는 계기가 되었다.

평범한 고딩의 학생회장 도전기

어린 시절 가정 형편만큼이나 학교생활도 평범했다. 성적도 운동도 아이들 사이에서의 인기도. 모범생도 문제아도 아니어서 교실에서 존재감이 크지 않았다. 중학교를 졸업하고 상업계 특성화고에 진학한 것이 남들과 조금 다른 선택이었을까? 하지만 이 또한 평범했기 때문에 이루어진 선택이었다. 남들보다 특별히 잘하거나 관심 있는 분야가 없었기에 남들 따라 인문계 고등학교에 갔다가는 그대로 묻혀 버릴 것만 같았기 때문이다. 그나마 상업계 특성화고에 가면 특기를 하나쯤은 가질 수 있다는 생각이었다.

고등학교에서도 평범한 학생이던 내게 특별한 경험의 기회가 찾아왔다. 2학년 때 담임 선생님께서 학생회장 선거에 나가 보라고 권유해 주신 것이다. 지금 생각해도 왜 그런 권유를 하셨는지 모르겠다. 나는 여전히 어느 분야에서도 두각을 나타내지 못하는 평범한 학생이었는데 말이다. 내가 미처 깨닫지 못한 내 안의 가능성을 발견하셨던 걸까? 아니면 평범한 학생이 색다른 경험을 한번 해 보면 좋겠다고 생각하셨을지도 모른다. 아무튼 선생님의 권유를 선뜻 받아들여 학생회장에 출마했다.

당시 학생회장에 출마한 학생은 나를 포함해서 2명이 전부였다. 2:1의 경쟁률이니 해 볼 만하다고 생각했지만 웬걸, 상대편 후보는 학급회장을 역임하는 등 나보다 훨씬 쟁쟁한(?) 경력을 자랑했다. 게다가 가정 형편도 좋고, 어머님이 학부모회장을 하시는 등 학교 일에도 열심이어서 학교에서의 존재감도 나와는 비교할 수 없이 컸다. 그런데 막상 열세라는 사실을 알게 되자 잠자고 있던 승부욕이 발동했다. 기왕 나섰으니 꼭 이기고 싶었다.

그렇다면 나만의 강점은 무엇일까? 가만히 생각해 보니 나는 나서기보다 남들의 이야기를 잘 들어 주는 장점이 있었다. 일단 아이들을 만나서 학생들이 무엇을 가장 원하는지 들어 보았다. 여러 반 친구들에게 들어 보니 공통적으로 원하는 것이 있었다. 다른 학교처럼 번듯한 축제를 여는 것. 당시 인근에서 우리 학교만 축제가 없어 아이들의 불만이 컸다.

친구들 이야기를 듣고 고민에 고민을 거듭한 끝에 학교 축제를 메인 공약으로 올렸다. 단순히 우리끼리 먹고 노는 축제가 아니라, 이웃 학교 학생들과 주민들까지 함께 즐길 수 있는 지역 축제를 기획했다. 이 내용을 피켓에 담아 등굣길 교문에서, 쉬는 시간 각 반을 돌아다니며 학생들을 만났다. 그래도 마지막까지 내가 당선

될 거라는 생각은 못 했다. 다만 이왕 출마한 것, 후회 없는 경험을 하고 싶었다.

다행히 결과는 간발의 차로 승리! 당선된 후에는 공약을 지키기 위해 노력했다. 축제 기간 동안 게임 대회와 함께 특성화고에 걸맞은 창업 및 취업 박람회를 열고, 약속대로 이웃 학교 학생들과 지역 주민들도 참여할 수 있는 프로그램을 만들었다. 많은 친구들이 자기 일처럼 도와준 덕분에 축제는 매우 성공적이었다. 이런 성과를 인정받아 그해 말에는 서울시에서 수여하는 표창장을 받기도 했다.

과 대표로 파편화된 대학생들과 소통하기

학생회장에 당선되고, 축제를 기획하고, 서울시 표창장까지 받은 일은 평범했던 학창 시절의 일대 사건이었다. 이를 통해 스스로도 제법 변한 걸 느낄 수 있었다. 매사에 자신감이 생기고 친구들을 리드하는 것이 자연스러워졌다. 변화는 대학 때도 이어졌다. 수도권 대학의 경영학과에 입학한 뒤 학과 대표에 출마해 당선된 것이다.

물론 고등학교 학생회장에 비할 바는 아니었다. 대학생, 특히 우리 학교 경영학과 학생들은 학생회 일에 별 관심이 없었다. 과 대표도 하려는 사람이 아무도 없어서 단독 출마에 무투표 당선이었다. 고등학교 때처럼 앞장서서 학교 행사를 기획할 필요도 없었다. 대신 학우들이 학과 생활을 잘할 수 있도록 돕고, 학교 행사에 참여하도록 독려하는 일을 했다. 이 또한 새로운 경험이었다. 파편화되고 고립되기 쉬운 대학생들과 소통하고 그들을 서로 연결하면서 내 인간관계 또한 더 깊고 넓어지게 되었다.

과 대표를 하면서 취업에도 신경을 썼다. 당시는 전 세계를 덮친 미국발 금융 위기에서 차츰 회복되던 시기였다. 우리나라 금융권도 회복되었고, 다시 대학생들이 선호하는 직장이 되었다. 나도 금융권 취업에 관심이 많아서 증권사나 은행에 다니는 선배들을 만나 조언을 구하기도 했다. 선배들은 찾아온 후배를 친절히 맞아 주고 이것저것 조언을 아끼지 않았지만, 모두 어딘가 지친 모습이었다.

입사한 지 얼마 되지 않은 선배도 마찬가지였다. 회사 일에 치여 사는 모습이랄까. 그러면서도 미래 비전이 명확하지 않아 하루하루 버티고 소모되는 듯 보였다. 우리나라 직장인은 어딜 가나 비슷한 모습인 걸까? 이런 의문을 품고 있는데, 학교에서 국내 최대 보험사의 입사 설명회가 열린다는 공고를 봤다. 가만, 보험사도 금융권이지? 그렇다면 한번 참가해 봐야겠다.

입사 설명회에서 만난 보험이란 가능성

큰 기대 없이 참가한 입사 설명회는 매우 좋았다. 특히 강연을 맡은 여성 지점장님의 열정과 에너지가 인상 깊었다. 이전까지 봤던 금융권 선배들과는 전혀 다른 모습이었다. 일에 대한 자신감이 넘쳤고 미래 비전도 확실해 보였다. 이전까지 막연하게 갖고 있던 보험 영업에 대한 편견을 한 방에 날리고도 남았다. 그분은 보험 영업이란 단순히 보험 상품을 판매하는 일이 아니라 자산을 관리하고 증여와 상속을 컨설팅하는 등 다양한 금융 분야를 두루 다루는 일이라고 했다. 이 과정에서 자기 전문 분야를 찾아 성장할 수 있는 기회도 많다며 법인 세무 관련 전문가로 자리 잡은 자신의 예를 들었다.

취업 설명회에 참가한 뒤에는 실제로 보험사들을 방문해 상담을 받았다. 여러 보험사를 직접 찾아가 보니 언뜻 비슷해 보이지만, 저마다 다른 분위기를 느낄 수 있었다. 그중에서도 좀 더 자유로운 분위기인 외국계 보험사에 마음이 끌렸다. 국내 보험사에 비해 교육 시스템이 잘 갖춰진 점도 마음에 들었다. 하지만 아직은 급할 것이 없었다. 당시 학교에서 ROTC 후보생으로 교육받고 있던 터라 졸업 후 2년 이상의 군 복무 기간이 남아 있었기 때문이다.

그런데 이때 내 마음을 굳히는 사건이 터졌다. 나름 괜찮은 외국계 회사에 다니고 계셨던 아버지가 보증을 잘못 서는 바람에 가정 전체가 경제적 어려움에 빠지고 말았다. 집은 남의 손에 넘어갔고, 식구들은 뿔뿔이 흩어졌다. 나는 기숙사에서 학교를 다니면서 금융 지식과 돈의 중요성을 다시 한번 절실히 느꼈다. 하루빨리 식구들이 다시 모여 살 수 있는 집을 마련하고 싶었다. 그러려면 보험 회사만 한 곳이 없어 보였다.

졸업 후 장교로 복무하면서 보험 회사 입사를 준비했다. 일하는 데 필요한 금융 자격증을 따고 보험사에 일하는 선배를 찾아다니며 노하우를 배웠다. 제대 전에 메트라이프 입사를 결정하고, 그에 맞춰 더욱 치열하게 준비했다. 학교 다닐 때 입사 설명회에서 만난 보험이란 가능성을 현실의 성공으로 만들기 위해서였다.

든든한 버팀목이 되어 준 군대 동료들

제대와 동시에 메트라이프에서 일을 시작했다. 장교로 복무하느라 남들보다 군 생활을 오래 했지만, 보험사 입사 동기들은 대부분 나보다 나이가 많았다. 그중에는 다른 일을 하다가 온 분도 많았다. 동기들보다 사회 경험은 부족했지만, 한 달간의 교육은 뒤처지지 않고 잘 마칠 수 있었다. 일찍부터 보험사 입사를 결정하고 틈틈이 준비한 덕분이었다. 하지만 교육을 마치고 본격적인 영업을 시작하자 격차가 드러났다. 사회 경험이 풍부하고 인맥이 넓은 동기들은 고액 계약도 잘 따 왔지만, 나는 그럴 수가 없었다. 내 친구들은 아직 사회 초년생이었고, 고액 보험을 들 만큼 부유한 친척도 없었기 때문이다.

다행히 군에서 같이 근무했던 선후배들이 초창기 영업에 도움이 되었다. 사실 이건 내가 치열하게 고민하고 열심히 준비한 결과이기도 하다. 우선 누구보다 성실한 생활을 통해 동료 장교들뿐 아니라 부사관과 사병들의 신뢰도 얻었다. 또한 내가 보험사 입사를 준비하고 결정짓는 과정이 비슷한 고민을 하던 다른 분들의 관심을 끌었다. 어느새 우리 부대에는 내가 전역 후 메트라이프에 입사한다는 사실을 모르는 사람이 없게 되었다.

드디어 전역을 며칠 앞두고 부대 내 모든 분에게 손 편지를 써서 일일이 돌렸다. 저마다 다른 내용을 담아서. 우선 그 사람과 군대에서 함께 나눈 추억을 회상하고, 덕분에 군 생활을 잘 마치게 된 고마움을 표했다. 그리고 전역 후에는 메트라이프에서 근무하게 되었다는 소식을 전했다.

"내가 보험 회사에 취직하게 되었으니 나중에 저녁 때 한번 보자."라는 식으로 작별 인사를 건네는 대신, 모두에게 다른 내용의 손 편지를 쓴 이유는 진솔한 마음을 전하기 위해서였다. 군대에서 최선을 다한 것처럼 사회에서도 최선을 다할 것이라는 표현이기도 했다. 나를 포함한 직업 군인들이 겪고 있는 현실적인 고민을 충분히 이해하고 있으며, 그 고민을 해결하기 위해 작은 도움이라도 드리겠다는 각오를 담았다. 많은 분이 편지를 고맙게 받았고, 덕분에 많은 군대 동료들을 고객으로 모실 수 있었다.

블로그 상담과 상가 개척을 동시에

군대 동료들과 함께 초창기 영업에 큰 도움이 된 것은 내 또래인 MZ 세대였다. 이들과는 이미 대학생 때부터 운영하던 재테크 블로그에 다양한 정보를 올리면서 소통하고 있었다. 이제 보험사에 입사하고 진짜 금융 전문가로 발돋움하게 되었으니 새로운 시도를 했다. 원하는 분에게 온라인뿐 아니라 오프라인으로 재무 설계 상담을 해 드린다는 공지를 올린 것이다. 그것도 공짜로 말이다.

이전부터 내 블로그에서 유용한 정보를 얻고 있던 이웃들의 반응이 뜨거웠다. 전국에서 상담 신청이 쇄도한 것이다. 당시는 차도 없던 때라 부산, 광주, 고창, 속초 등 전국 어디든 대중교통을 이용해 찾아갔다. 거기서 아이디로만 알던 분의 얼굴을 뵙고 고민을 들으며 상담해 드렸다.

처음엔 시행착오도 많았다. 부산에 갔다가 연락이 안 돼서 두 시간 동안 부산역 롯데리아에서 기다리다 햄버거만 먹고 올라온 일도 있었고, 강원도 인제를 갔는데 상담을 신청한 분이 뭐가 부담스러웠는지 갑자기 상담을 안 받겠다고 해서 얼굴도 못 보고 돌아오기도 했다. 하지만 대부분은 따뜻하게 맞아 주시고 진솔하게 고민을 털어놓으며 상담을 받았다. 상담은 보험 상품 소개 대신 재무 설계를 중심으로 이루어졌지만, 결국 많은 분이 내 고객이 되어 주셨다. 지금도 내 고객의 20% 이상은 이때 인연을 맺은 분들이다.

블로그 상담과 함께 개척 영업도 병행했다. 특정 지역이나 대상을 정하지 않고, 일 때문에 방문하는 곳 주변의 상가를 타깃으로 삼았다. 그 지역 상가를 일일이 방문하면서 보험 상품을 홍보하는 대신 "못 받은 보험금을 찾아 드립니다!"라는 제목으로 설문지를 돌렸다. 실제로 설문을 통해 많은 분이 누락된 보험금을 찾을 수 있었다. 대장 내시경 용종 절제 수술을 했지만 실비만 받은 분은 수십만 원의 수술비를 더 받았고, 임플란트를 하면서 골 이식 수술까지 함께 한 분은 누락된 특약을 찾아내 300만 원을 더 받았다. 덕분에 이 분들뿐 아니라 이웃 상가 사장님들까지 고객으로 모실 수 있었다.

화려한 성과보다 꾸준하고 성실하게

블로그 상담에 상가 개척까지 했지만, 실적은 그다지 크게 늘어나지 않았다. 특히 처음부터 두각을 보이던 동기들과는 차이가 더 벌어졌다. 노력은 그들 못지않게 하는데, 왜 이런 차이가 생길까? 이런 의문이 들 때마다 고민에 빠졌다. 혹시 내 선택이 잘못된 건 아닐까? 나와 비슷한 처지의 동료들이 다른 길을 알아볼 때는 더욱 그랬다.

하지만 나에게는 다른 길이 없었다. 대학 졸업 전부터 그리고 ROTC로 군 복무를 하는 내내 준비해 온 길이었다. 이제 와서, 아직 제대로 해 보지도 않고 다른 길을 알아보는 건 말도 안 되는 일이었다. 대신 나에게 맞는 영업 스타일과 방향을 다시 한번 고민했다. 아직 어린 나, 지극히 평범하게 살아온 나, 인맥도 실력도 부족한 내가 잘할 수 있는 방법은 무엇일까.

고민 끝에 선택한 방법은 '솔직함'이었다. 있는 그대로의 내 모습을 보여 주기. 아직은 부족하고 모자란 내 모습을 가감 없이 보여 주면서, 그래도 성실히 노력해 고객의 든든한 버팀목이 되겠다는 의지를 어필하는 것. 그렇게 상품의 우수성이나 보장의 완벽함을 화려한 언변으로 설명하는 대신, 내가 가진 솔직함과 성실함을 무기로 고객에게 다가갔다. 다행히 많은 분이 부족한 나를 믿고 계약서에 사인해 주셨다. 특히 지인분들이 많이 도와주셨는데, 아마도 평소 내 모습을 좋게 보셨기에 마음을 열고 받아 주셨던 것 같다.

또한 내 이야기를 하기보다 다른 사람 이야기 듣기를 더 좋아했던 습관도 도움이 되었다. 지인과 미팅을 잡고 평소에 들었던 이야기를 떠올려 보니 알맞은 상품을 구성할 수 있었다. 더불어 고객과 상담하면서 새롭게 들은 이야기는 디테일한 부분까지 기록해 놓으려고 노력했다. 기록이 쌓이니 고객 관리에 큰 도움이 되는 데이터가 되었다.

상담 때마다 고객과 함께 찍는 셀카도 효과가 좋았다. 특히 고객 가족과 함께 찍는 셀카가 그렇다. 그중에는 자녀가 갓난아기였을 때부터 시작해서 유치원에 이른 사진도 있다. 이 친구가 성인이 될 때까지 함께 사진을 찍을 수 있었으면 좋겠다. 세월에 따라 성장하고 변화하는 가족 옆에 늘 내가 함께할 수 있었으면 하는 바람이다.

꾸준과 성실, 전략에 행운까지 더한 '3W 300주'

이렇게 솔직함과 경청, 꾸준한 노력으로 다가서니 조금씩 고객들의 인정을 받을 수 있었다. 처음에는 앞서가는 동료들의 화려

나는 보험인이다

한 실적에 가려졌지만, 시간이 지나면서 조금씩 성과가 드러났다. 특히 입사 초기부터 꾸준히 유지하고 있는 3W는 어느새 나의 트레이드마크가 되었다. 남들처럼 큰 계약을 쫓는 대신, 만나는 고객의 형편에 맞게 작은 계약도 소중히 여기고 꾸준히 노력했더니 어느덧 300주 연속 달성을 목전에 두고 있다.

일주일에 3건 이상의 보험 계약을 300주 가까이 했다는 건 내가 생각해도 대견한 일이다.

여기에는 꾸준함과 성실함 말고도 멘토였던 본부장님에게 배운 전략도 큰 힘이 되었다. 본인이 이미 300주 이상의 3W를 달성한 경험이 있는 본부장님은 3W를 이어 갈 수 있는 프로세스를 만들어야 한다고 강조하셨다. 이번 주 계약 말고도 다음 계약을 위한 밑 작업을 꾸준히 해야 한다는 뜻이다. 그래서 주초에는 계약 성사에 주로 시간을 할애하고, 3W 달성 뒤에는 쉬지 않고 다음 계약을 위한 작업을 한다. 덕분에 주말이나 공휴일에도 상담을 이어 가는 일이 허다하다.

이렇게 꾸준함과 성실함, 전략까지 더해 일했음에도 위기의 순간은 있었다. 한번은 3W를 달성하지 못한 채 고객님의 직장으로 추석 전 인사를 드리러 갔다. 그날이 마감이어서 어떻게든 추가 계약을 해야 하는 상황이었지만, 고객님이 아버지 친구분이었던 까닭에 미리 약속한 추석 인사를 취소할 수는 없었다. 밝은 표정 뒤의 무거운 마음으로 인사를 드리고 있었는데, 직장 동료분이 보험 상담을 받겠다는 게 아닌가! 전혀 예정에 없던 상담은 단박에 계약으로 연결되었고, 거우 3W를 이어 갈 수 있었다.

3W를 꾸준히 달성하는 동안 다른 성과도 쌓여 갔다. '보험 설계사들의 명예의 전당'이라는 MDRT에도 이름을 올리고, 6년 연속 사내 연도 시상식에서 상을 받았다. 작년에는 입사 5년 만에 MDRT의 3배 실적에 해당하는 COT도 달성했다. 모두 내 솔직함과 꾸준함을 믿고 보험 계약서에 사인해 주신 고객님들 덕분이다.

첫 MDRT 연차총회의 경험도 잊을 수 없다. 나는 MDRT를 달성하기 전에 멘티 자격으로 사비를 들여서 연차총회에 참가했다. 미리 참가해 보면 MDRT 달성뿐 아니라 앞으로의 보험 영업에도 도움이 될 평생 자산을 얻을 수 있을 거라는 선배의 조언을 받

나는 보험인이다

아들인 것이다. 선배의 예언(?)은 적중했다. 미국 올랜도에서 열린 MDRT 연차총회는 나에게 '심 봉사가 눈이 번쩍 떠지는 경험'이었다. 특히 MDRT를 40회 이상 달성했다는 80대 미국 보험 설계사의 격려 말씀은 지금도 귓가에 쟁쟁하다. 덕분에 나는 다음 해부터 MDRT를 달성해서 지금까지 이어 오고 있다.

고객과 함께 떠난 연도 시상 해외여행

성실하고 꾸준하게 실적을 쌓아 왔지만, 나에게도 위기와 슬럼프가 있었다. 어찌 보면 3W를 달성하는 동안은 매주가 도전이자 위기라고 할 수 있다. 지난주까지의 실적은 0으로 돌아가고 새로운 성과를 내야 하기 때문이다. 이보다 더 큰 위기는 입사 2년 차에 찾아왔다. 아직 뚜렷한 성과를 내 보기도 전이었다. 대학 때 발생했던 아버지의 빚보증이 다시 한번 문제를 일으켰다. 급하게 돈이 필요하다는 아버지의 전화를 받고 나도 모르게 눈물이 흘렀다. 아버지의 잘못으로 또 한 번 가정에 경제적 위기가 찾아왔다는 사실에 화가 났고, 원했던 회사에 다니지만 아직 눈에 띄는 성과가 없어서 큰 도움을 드릴 수 없다는 사실에 좌절했다. 때마침 어린 시절 나를 키워 주신 할머니의 병세마저 악화되었다. 이 모든 상황은 나를 한 번도 겪어 보지 못한 슬럼프로 밀어 넣었다. 업무 의욕이 떨어지고 상담하는 목소리에도 힘이 빠졌다.

이런 나를 먼저 챙겨 준 것은 동료들이었다. 특히 평소 멘토처럼 챙겨 주던 선배의 도움이 컸다. 선배는 어디 한 군데 하소연할 곳 없던 내 이야기를 들어 주었고, 실질적인 조언을 해 주었다. 자신의 영업에 함께할 수 있는 자리를 마련해 주기도 했다. 같은 본부에서 일하는 동료들도 여러모로 잘 챙겨 주었다. 실적을 두고 선의의 경쟁을 펼치던 동료들이 어려운 나를 도와주니 더욱 고마웠다.

무엇보다 슬럼프에 빠진 나를 일으켜 세워 준 것은 고객들이었다. 그중에서도 나를 동생처럼 아껴 주시던 고객님 한 분이 물심양면으로 도와주셨다. 이분은 내가 소위로 임관했을 때 우리 부대 중대장님이었다. 군 생활 내내 좋은 상사이자 인생 선배로 나를 챙겨 주셨다. 제대 후 보험사에 입사하는 나를 진심으로 축하해 주셨고, 교육을 마치고 찾아뵈었을 때도 흔쾌히 내 고객이 되어 주셨다. 오랜만에 다시 만났을 때 예전 같지 않은 내 모습을 보시고는 무슨 문제인지 물어보셨다.

주저하다가 어려움을 솔직히 말씀드리자 용기를 북돋아 주는 말씀을 해 주셨다. 그리고는 하루가 멀다 하고 지인들을 소개해 주시기 시작했다. 아내와 형, 부모님과 고향 친구분들까지. 이분들과의 계약도 도움이 되었지만, 나를 믿고 살뜰히 챙겨 주시는 모습에서 정말 큰 힘을 얻었다. 덕분에 슬럼프에서 벗어날 수 있었고, 오히려 더 좋은 성과를 올려 연도 시상식에서 우수 설계사로 상을 받을 수 있었다.

　부상으로 주어진 해외여행에 이 고객님을 모시고 갔다. 마침 여행 장소도 평소 자연을 즐기는 고객님이 좋아할 만한 일본 삿포로였다. 처음에는 "네가 상으로 받은 여행인데, 왜 나랑 같이 가느냐."라며 손사래를 치셨지만, 간곡히 권하자 기쁘게 받아들이셨다. 고객님의 가족분들도 삿포로에서 합류해 내가 모시고 다녔다. 힘들 때마다 도움을 주셨던 고객님께 조금이나마 보답한다는 생각을 하니 나도 기뻤다.

고객의 든든한 금융 버팀목을 꿈꾸다

　고객들에게 많은 도움을 받았으니, 그보다 더 많이 돌려드리려고 노력한다. 서른을 갓 넘은 나에게는 아무래도 비슷한 연령대인 MZ 세대 고객이 많다. 이분들에게는 보험뿐 아니라 금융과 투자에 관해서도 도움을 드리려고 한다. 이분들 중 상당수가 금융 지식이 부족해서 어려움을 겪기 때문이다. 예컨대 입사 3년 차인 고객님 한 분이 그동안 알뜰히 모은 수천만 원에 달하는 자금을 잘못된 투자로 날릴 위험에 처했다. 부모님이 어디선가 부동산 투자를 권유받았는데, 괜찮은 투자라고 생각한 부모님이 다시 고객님에게 추천해서 그동안 모은 돈으로 오피스텔을 사게 되었단다. 오피스텔이 자리 잡은 곳은 기반 시설이 전혀 갖춰지지 않은 지방의 허허벌판인데, 그 지역 부동산 전문가를 자처한 사람이 여러 개발 호재를 들먹이며 투자를 권유한 것이다.

하지만 자칭 전문가의 약속은 하나도 이루어지지 않았고, 결국 오피스텔을 다시 팔려고 내놓았지만 아무도 찾는 사람이 없는 상황이었다. 나는 고객님과 함께 문제를 해결할 방법을 찾는 한편, 다른 고객들께 이런 사례를 말씀드리고 투자 시 주의를 당부하고 있다. 이 과정에서 MZ 세대 고객님뿐 아니라 그 부모님들께도 금융 교육이 필요하다는 생각이 들어서 기회가 닿을 때마다 금융 정보를 알려 드리고, 투자 자문도 해 드리고 있다.

물론 금융과 투자를 강조한다고 보험과 보장을 소홀히 하는 건 아니다. 다른 보험 영업인들과 마찬가지로 나 또한 보장의 중요성을 잘 알고 있기 때문이다. 3년 전 첫 사망보험금을 지급한 경험이 특히 그랬다. 고객님은 나와 같은 부대에서 근무했던 분이었다. 늘 형님처럼 챙겨 주셨었고, 제대 후 다시 찾아뵈었을 때도 기꺼이 내 고객이 되어 주셨다. 그 뒤에 이분도 전역해서 직장에 잘 다니고 계셨는데, 불의의 사고로 때 이른 죽음을 맞게 된 것이다.

장례식장을 지키며 유가족들을 챙겼다. 그런데 사망보험금을 신청하면서 고객님이 코인 등의 투자 실패로 경제적 어려움을 겪고 있었다는 사실을 알게 되었다. 투자 실패로 생긴 부채 탓에 집이 경매로 넘어갈 위기에 처했는데, 사망보험금으로 집을 지킬 수 있었다. 덕분에 형수님도 어린 자녀와 함께 안정된 주거 환경에서 삶을 꾸려 갈 수 있었다. 만약 사망보험금이 없었다면 유가족들이 큰 곤란을 겪었을 터였다. 이런 경험 때문에라도 상담 시 고객들에게 보장의 중요성을 더욱 강조하고 있다.

연령대별 맞춤 재무 설계 컨설팅

MZ 세대가 제일 많긴 하지만, 700여 명에 이르는 내 고객은 연령대가 다양하다. 이분들의 라이프 사이클을 분석해 보면 연령대별로 공통적인 니즈와 성향이 보인다. 평소 나는 거기에 맞춰서 재무 설계 조언을 드리고 있다. 이 내용은 ISO 인증을 받은 메트라이프의 재무 설계 전문가 교육 시스템인 'MFP(Metlife Financial Planner) College'에서 1년 동안 '빡세게' 배운 것에 나만의 현장 경험을 더해 만들었다.

우선 20대 남성은 군 복무를 마치고 사회로 진출하기 때문에 여성보다 취업 시기가 한두 해 늦게 마련이다. 그래서인지 대체로 조급하기 쉽다. 즉 장기 투자보다는 단기간에 큰 수익을 얻을 수 있는 상품을 선호한다는 이야기다. 또한 스스로 공부하고 판단하기보다 남들 이야기만 듣고 투자하는 경우가 많다. 이러면 당연히 실패할 확률이 올라갈 수밖에. 그래서 20대 남성일수록 최소한의 여유 자금으로 차근차근 투자를 시작하는 것이 좋다.

이에 비해 20대 여성은 안정적인 투자나 저축을 선호하는 경향이 있다. 요즘은 공격적인 투자를 선호하는 분도 늘어나고 있지만, 20대 남성에 비해서는 여전히 안정적으로 투자하는 편이다. 대신 이들의 재무 설계를 할 때는 향후 30대에 경력이나 경제 활동이 단절될 수 있다는 점을 고려해야 한다. 여성은 결혼이나 출산, 혹은 다른 이유로 경력 단절이 생기기 쉽다. 그러니 이런 상황에 대비한 비상 자금을 20대부터 준비할 것을 권한다.

30대 부부는 먼저 생활비를 쓰고 그때그때 남은 돈을 저축하거나 투자하는 비율이 높다. 아이가 있다면 특히 더 그렇다. 하지만 이때가 가정의 재산 형성에 대단히 중요한 시기다. 장기 목표를 세우고 거기에 맞춰 저축과 투자 계획을 짜야 한다. 그러기 위해서는 우리 같은 전문가에게 컨설팅을 받아 보는 것이 좋다. 전문가의 지식뿐 아니라 제3자 입장에서 객관적으로 보는 관점이 필요하기 때문이다.

대한민국 40대에게 드리고 싶은 말씀은 자녀의 교육만큼 자신의 노후 준비에도 신경을 써야 한다는 것이다. 그래야 자녀의 부담을 덜 뿐 아니라 모범을 보여 줄 수 있다. 은퇴 시점을 잡고, 그때까지 무엇을 어떻게 준비해야 할지 구체적인 계획을 세워야 한다. 재무 설계도 공격적인 투자보다는 안정적인 관리에 중점을 두는 것이 좋다.

50~60대는 이미 은퇴했거나 은퇴를 목전에 둔 시점이다. 하지만 지금 이 연령대에선 자신의 노후 준비를 제대로 한 분이 드물다.

먼저 이분들께는 자산보다 행복 관리에 더 신경을 써야 한다고 말씀드리고 싶다. 평생 일과 자식만 바라보며 달려오느라 자신이 언제 행복한지, 무엇이 자신을 행복하게 만드는지를 생각한 적이 별로 없었을 것이다. 지금이라도 늦지 않았다. 자신만의 행복 포인트를 찾고 지켜 나가야 한다. 떨어져 살더라도 부모가 행복하게 잘 사는 모습을 보여 줄 때 자녀의 존경을 받을 수 있다. 물론 행복과 자산 관리는 동떨어져 있지 않다. 행복을 찾고 지키는 데도 돈이 들기 때문이다. 보유한 자산을 지속적으로 관리하는 데도 전문가의 컨설팅이 필수다.

만약 보험 설계사에 관심이 있으시다면

젊은 고객들과 상담하다 보면 보험 가입을 넘어 보험 설계사 일에 관심을 보이는 분도 심심치 않게 만나게 된다. 요즘은 과거에 비해 보험 설계사에 대한 인식이 많이 좋아진 덕분인 듯하다. 내 후배 중에도 보험사 입사를 고민하면서 찾아오는 친구들이 제법 있다. 이런 친구들을 만나면 알고 있는 정보를 최대한 나눠 주며 친절히 상담에 응하는 편이다. 예전에 내가 찾아간 선배들이 그랬던 것처럼 말이다. 그리고 내가 직업을 선택할 때 고려했던 세 가지 기준을 알려 준다.

<u>1. 노력한 만큼 보상을 받을 수 있는가?</u>

<u>2. 그곳에서 일하는 사람들이 대체로 행복한가?</u>

<u>3. 내 미래가 그곳에서 그려지는가?</u>

이 세 가지 질문이 토익이나 공모전 수상 같은 스펙을 쌓는 것보다 중요하다고 생각한다. 실제로 내가 그랬다. 대학 시절 남들보다 뛰어난 스펙은 없었지만, 세 가지 질문에 따라 직업을 선택했고 나름 성공적인 커리어를 꾸려 가고 있다.

첫 번째 질문에서는 '노력한 만큼'이란 말이 중요하다. 실제로 많은 직장에서 '연공서열'이라는 이름으로 노력한 만큼 보상받지 못하는 경우가 있다. 이런 경험이 한두 번 쌓이다 보면 어느새 노력보다는 시류에 맞춰 적당히 살아가게 된다. 이는 직장뿐 아니라 직장인에게도 그대로 적용할 수 있다. 노력한 것보다 더 큰 보상을 바라서는 안 된다는 의미다. 실제로 보험 설계사 중에 이런 사람이 더러 있다. 안타깝게도 그들은 고객이 아니라 자신에게 더 이익이 되는 계약을 하려고 한다. 하지만 다행스럽게도 이런 사람은 점점 더 줄어들고 있다. 대부분의 정보가 투명하게 공개되는 요즘 상황에서 고객의 눈을 속이는 일은 더 이상 지속 가능하지 않기 때문이다.

따라서 <u>보험 영업을 1, 2년 반짝하고 그만둘 게 아니라면 진심이 가장 좋은 영업 방침이다.</u> 늘 고객의 입장에서 생각하고, 고객과의 약속을 지켜 나가야 한다. 신기한 건 이렇게 노력하는 보험 설계사는 고객이 귀신같이 알아본다는 점이다. 물론 모든 일은 단박에

나는 보험인이다

이루어지지 않는다. 진심을 가지고 꾸준히 노력해야 한다. 나뿐만 아니라 업계에서 성공한 수많은 선배들이 입을 모아 하는 말이다.

두 번째와 세 번째 질문의 답은 직접 회사를 방문해야 알 수 있다. 보험사에 관심이 있다면 되도록 많은 곳을 방문해 보는 것이 좋다. 가능하면 같은 곳을 여러 번 방문해도 좋다. 여러 곳을 여러 번 방문하다 보면 회사 분위기를 파악할 수 있는 눈이 길러진다. 또한 믿을 만한 지인이 추천했다고 덥석 입사를 결정하는 것은 바람직하지 않다. 지인에게는 좋은 회사이지만, 나한테는 잘 맞지 않을 수도 있기 때문이다. 나도 그랬다.

두 번째 질문의 답은 분위기를 통해 알 수 있다면, 세 번째 질문의 답은 상담을 통해 파악할 수 있다. 그러니 지점장님, 혹은 본부장님과 상담하면서 궁금한 점이 생기면 뭐든 솔직히 물어보는 것이 좋다. 그분의 수입부터 어떻게 그 자리까지 올라갔는지, 일과 생활은 어떻게 이루어지는지, 앞으로의 꿈이나 목표는 무엇인지 등을 말이다. 그리고 그분의 자리에 10년, 20년 뒤의 나를 앉혀 보자. 만약 그 모습이 만족스럽다면 이곳이 바로 내 미래를 그려 볼 수 있는 조직이다. 물론 세상일이 모두 계획대로 되는 건 아니지만, 계획조차 할 수 없는 곳에서 출발할 수는 없지 않은가.

고객과 함께 무대에 오를 날을 꿈꾸며

앞서 던진 세 가지 질문 모두에서 "예스!"라는 대답이 나왔다면 한 가지 말씀을 더 드리고 싶다. 보험 설계사라는 직업은 돈과 성공만 쫓기에는 다른 사람의 인생에 너무 큰 영향을 미친다는 점이다. 어떤 보험과 금융 상품을 권하느냐에 따라 고객뿐 아니라 그 가족들의 생활까지 달라질 수 있다. 그러니 계약 체결을 위해 철저히 준비하는 것은 물론이고, 계약 이후에도 꾸준한 관리를 통해 고객 상황을 점검하고 필요한 도움을 드릴 수 있어야 한다.

재미있는 점은 이렇게 고객에게 최선을 다해야 성공과 돈이 따라온다는 사실이다. 고객보다 돈과 성공을 쫓는 사람은 결국 고객뿐 아니라 돈과 성공도 얻을 수 없다. 나는 이것이 우리 업계의 장점이자 매력이라고 생각한다. 고객과 함께 갈 때에만 오래갈 수 있고, 원하는 돈과 성공을 손에 넣을 수 있다.

또 하나, 나는 고객의 경제적 여유뿐 아니라 행복을 위해 일하려고 한다. 물론 보험과 금융 컨설팅의 주된 주제는 돈이다. 어떻게 하면 더 많은 보장을 받고, 더 많은 이익을 얻으며, 더 여유 있는 생활을 할 수 있는가에 관한 이야기가 주를 이룬다. 하지만 그러면서 놓치기 쉬운 것이 있다. 우리가 돈을 벌고 보장을 하는 목적, 바로 행복한 삶이다. 돈을 위해 사는 인생이 아니라 행복을 위해 사는 삶. 돈은 어디까지나 행복을 위한 수단일 뿐이다.

나는 보험인이다

그래서 나는 상담할 때면 늘 돈보다 먼저 행복에 대해 묻는다. "고객님께서 가장 행복한 시간은 언제입니까?" 가족과의 즐거운 시간, 친구들과의 만남, 가끔은 홀로 즐기는 취미도 괜찮다. 그걸 이루기 위해 어떤 보험과 금융 상품이 필요한지 역순으로 따지는 것이다. 이는 스스로에게 묻는 질문이기도 하다. 혹시 내일의 성과와 돈을 위해 오늘의 가족과 친구, 건강을 포기하지는 않았는가?

또한 이것은 내가 후배들에게 강조하는 말이기도 하다. 조만간 3W 300주를 달성하면 이런 이야기를 공식적으로 전달할 수 있는 통로가 생긴다. '대표 FSR'로 올라가면서 독립된 방도 배정받고, 후배를 양성할 수 있는 자격도 주어지기 때문이다. 이런 이야기를 더 많은 이에게 전하고 싶어서 강연도 기획하고 있다. 만약 기회가 온다면 나와 함께 행복을 찾아가고 있는 고객들과 같이 무대에 서고 싶다. 우리가 함께 이룬 행복과 성공의 이야기를 사람들에게 전하고 싶다.

Profile

이세혁
FSR

Slogan

오늘의 행복을
내일로 미루지 말자!

일을 하는 것도, 돈을 버는 것도 모두 행복하게 살기 위한 것이라는 사실을 잊지 말자는 의미다. 오늘의 행복을 내일로 미루다 보면 결국 남는 것은 후회뿐이다. 나한테도 고객님께도 늘 강조하는 말씀이다.

Work

평일은 8시에 출근해 오전에 상담 자료와 스케줄을 점검하고 점심 때부터 본격적인 고객 상담 업무를 한다. 밤 10~11시쯤 퇴근해 다시 상담 자료를 준비한다. 주말에는 지방 출장을 가서 고객님과 긴 시간 동안 깊이 있는 상담을 진행한다.

Know-how

입사 초기 2030 세대를 대상으로 재테크 블로그를 운영하면서 무료 재무 상담을 진행했다. 이때 인연을 맺은 고객들이 지금도 20% 이상을 차지한다. "못 받은 보험금을 찾아 드립니다."라는 콘셉트로 상가 개척 영업을 했고, 실제로 놓친 보험금을 수백만 원까지 찾아 드리면서 계약을 맺기도 했다.

Dream

고객과 함께 강연 무대에 서기

메트라이프 사내 대표 강사로 활동하면서 내 이야기를 다른 분들께 들려드리는 일에 보람을 느꼈다. 조금 더 시간이 흐른 뒤에는 인생의 고비마다 내가 함께해 드렸던 고객님들과 같이 강연 무대에 서고 싶다. 거기서 우리가 함께 찾은 행복 이야기를 들려드리고 싶다.

Career

MDRT 4회, COT 1회 달성
사내 연도 시상식(MPC) 6회 수상
STAR(3W) 300주 달성 중
생명보험협회 '우수 인증 설계사' 자격 획득
메트라이프 사내 대표 강사

나는 보험인이다

1991	평범한 맞벌이 가정에서 외동아들로 태어남
1998	초등학교 입학. 바쁜 엄마, 아빠를 대신해 주로 할머니가 키워 주셨음
2004	중학교 입학. 외갓집이 있는 지역이 신도시로 개발되면서 수십억 원대의 보상금을 받음. 하지만 뜻밖의 행운은 예상치 못한 불행을 가져옴
2007	상업계 특성화고 입학
2008	고2 때 선생님 권유로 나간 학생회장 선거에서 당선. 덕분에 지극히 평범한 학생에서 리더십 있는 학생회장으로 변신. 지역을 아우르는 학교 축제를 기획해 서울시장 표창을 받음
2010	대진대학교 경영학과 입학. 과 대표로 동기들을 챙김
2013	우연히 참석한 보험사 입사 설명회에서 깊은 인상을 받고 실제로 보험사들을 방문해 진로를 탐색. 이 무렵 아버지의 보증 문제가 터지면서 보험사로 마음을 굳힘
2014	졸업과 동시에 ROTC로 군 입대
2016	중위 제대 후 메트라이프 입사. 전역 직전 선후배 장교와 부사관들에게 마음을 담은 손 편지를 돌림. 대학 때부터 운영하던 재테크 블로그를 통해 재무 상담 개시
2017	첫 사내 연도 시상식(MPC) 수상. 이후 2022년까지 6회 연속 수상
2018	첫 MDRT 달성. 이후 2022년까지 5회 연속 MDRT 기록
2021	첫 COT 달성
2022	9월 현재 STAR(3W) 300주째 기록 중

06

'때 이른 성공' 이라는

이종현 FSR

롤러코스터에서 살아남기

고등학교를 졸업하고 옷 가게와 대리운전 등을 하다 SNS 광고를 보고 보험업계에 뛰어들었다. 메트라이프 입사 한 달 만에 전사 계약 건수 1위를 달성하고, 첫해에 MDRT뿐 아니라 COT까지 이루며 화려하게 커리어를 시작했다. 이때 나이가 만 23세. 보험업계를 통틀어 20대 초반에 이 정도 성과를 이루는 건 매우 드문 케이스다. 이른 성공 뒤에 큰 위기가 찾아오기도 했지만, 오늘도 하나님과 사람을 믿고, 보험 영업과 대리운전, 우유 배달 등 N잡 생활을 이어 가고 있다.

"귀하를 MPC(Metlife President's Council)에 초대합니다."

금박으로 멋을 낸 초대장 안에는 정중한 초대 문구와 함께 내 소속과 이름이 선명하게 쓰여 있었다.

"서울3사업단 이종현 FSR"

MPC란 메트라이프 FSR 가운데 한 해 동안 뛰어난 성과를 거둔 이들에게 상을 주고 격려하는 연도 시상식이다. 수천 명의 FSR 중에서 연도 시상식에 초대받는 이들은 대략 15% 정도. 그중에 입사한 지 꼭 1년이 되는 나도 포함된 것이다. 게다가 내가 받는 상은 최고 등급인 'MPC GOLD'였다.

2018년 초 메트라이프에서 일을 시작할 때만 해도 1년 만에 이런 영광스러운 자리에 초대받게 될 줄은 몰랐다. 이왕 일을 시작했으니 그저 열심히, 중학교 때부터 알바를 하며 몸에 밴 습관대로 누구보다 더 열심히 했을 뿐이다. 밤낮없이 뛰어다니는 와중에도 하루도 안 빼먹고 새벽 기도에 참석한 걸 하나님께서 예쁘게 봐주신 덕분일까. 열심히 하는 만큼 성과가 따라왔다. 입사 다음 달 메트라이프 전 사 계약 건수 1위 달성을 시작으로 14개월 동안 내가 속한 서울3사업단 전체 계약 건수 챔피언 자리를 놓치지 않았으니.

그 과정에서 남들은 몇 년을 노력해도 어렵다는 MDRT를 입사 4개월 만에 달성했고, 그해 11월에는 MDRT보다 3배의 성과를 내야 오를 수 있는 COT(Court of Table)도 달성했다. 입사 첫

해 COT에 오르는 일도 드물지만, 만 23세의 나이에 이런 성과를 낸 건 대한민국 최초였다. 회사에선 "대한민국 최연소 COT"라는 명패를 새겨 주었다. 나를 보험업계로 이끌어 주신 팀장님은 "전 세계에서도 찾아보기 힘든 일일 것이다."라고 하시며 자기 일처럼 기뻐해 주셨다. 다른 분들도 넘치는 축하를 해 주셨고, 스스로도 뿌듯했다. 정말 온 세상이 축하해 주는 것만 같았다. 입사 첫해에 이렇게 큰 성과를 거두다니, 아무래도 보험은 내 체질인 듯했다. 중학교 때 시작한 알바도, 고등학교 졸업 후에 하던 옷 가게와 대리운전 사업도 모두 보험 영업을 위한 준비였다는 생각이 들었다.

하지만 기쁨도 잠시, 불과 며칠 뒤 마른하늘에 날벼락 같은 일이 벌어졌다. 내가 맺은 계약 중 하나에서 회사 자체 규정 위반이 발견되었다. 더 좋은 상을 받고 싶은 욕심에 계약 해지를 원하는 고객님께 MPC 심사 때까지만 유지해 주십사 부탁드렸는데, 이게 문제가 되었다. 사실 업계에서 관행처럼 벌어지는 일이라 큰 문제의식을 갖지도 못했다(물론 지금은 규정을 철저히 지키면서 일하고 있다).

결국 그해 연도 시상식에 참석하지 못했다. 물론 MDRT와 COT 등의 성과는 인정받았지만, 연도 시상이 취소되자 구름 위로 둥실 떠올랐다가 그대로 떨어지는 것만 같았다. 무서운 속도로 정상까지 올라간 롤러코스터가 더 빠른 속도로 곤두박질치는 느낌이랄까. 머리가 어질어질했다. 하지만 그럴수록 재도약을 위해 정신을 다잡았다. 아직 어린 나이지만 정상에서 추락하는 느낌이 처음은 아니었다. 그때도 마음을 다잡고 스스로의 노력으로 다시 일어서서 앞으로 나아갔다.

조기 유학생에서 중딩 알바생으로

어린 시절 우리 집은 남부럽지 않게 살았다. 장사하시느라 바빴던 부모님은 장남인 내가 원하는 건 무엇이든 사 주셨다. 부모님을 대신해 나를 돌봐 주시던 할머니 또한 언제나 든든한 후원자였다. 초등학교를 졸업할 무렵, 우리나라에 조기 유학 바람이 불었다. 여유가 있는 우리 집도 나를 호주로 보냈다. 일단 어학연수를 받으면서 중학교 진학을 준비하기로 했다. 천성적으로 붙임성이 좋고 아이들과 잘 어울렸던 나는 새로운 환경에도 잘 적응했다. 그렇게 몇 달 동안 신나는 유학 생활을 보내고 있는데, 어느 날 집에서 급한 연락이 왔다. 할머니가 아프시니 얼른 귀국하라는 소식이었다.

깜짝 놀라 부랴부랴 한국으로 돌아갔는데, 다행히 할머니는 멀쩡하셨다. 대신 집안 사정이 멀쩡하지 않았다. 알고 보니 아버지 장사가 갑자기 어려워지면서 유학 비용을 대기가 힘들어졌고, 그래서 할머니 핑계를 대고 나를 불러들였던 것이다. 집안 상황은 생각보다 심각했다. 할아버지 때부터 살던 단독 주택을 넘기고 가건물 사글셋방으로 이사를 가야 할 정도로.

그래도 워낙 낙천적인 성격이었던 나는 크게 낙심하지 않았다. 다만 할아버지와의 추억이 담긴 집을 떠나야 했던 할머니가 아침저녁으로 눈물을 흘리시는 모습에 마음이 아팠다. 또한 이제부터는 내가 원하는 것을 부모님이 척척 마련해 주시지 못한다는 사실이 좀 불편했다. 당시 꼭 갖고 싶은 것이 있어서 더 그랬다.

호주에 있을 때부터 전기 기타를 사고 싶었다. 그것도 2백만 원이 훌쩍 넘는 제품을 마음속에 점찍어 두었다. 귀국하면 아버지에게 사 달라고 말씀드릴 계획이었으나, 집안 형편을 알고는 입도 떼 보지 못했다. 하지만 기타를 포기할 수 없었다. 당시 나는 호주에서 접한 록 음악에 흠뻑 빠져 있었다. 기타를 사서 배우고, 학교에서 밴드 활동을 하고 싶었다. 하지만 부모님께 도움을 받을 수 없었다.

'그렇다면? 내가 돈을 벌어서 사면 되지, 뭐!' 호주에서의 경험이 이런 생각을 하게 만들었다. 그곳에선 학생들이 알바를 해서 필요한 것을 사는 일이 흔했으니까. 더구나 18살만 되면 부모님 집을 떠나 독립해서 사는 것이 일반적이었다. 물론 자기가 일해서 번 돈으로 말이다. 호주 애들도 하는데, 나라고 못 할 건 없었다.

알바와 음악으로 채운 학창 시절

쉽게 알바를 하기로 결정했지만, 갖고 싶은 물건은 너무 비쌌다. 편의점 알바 정도로는 어림없었다. 목돈을 마련할 수 있는 일이 필요했다. 마침 인력 사무소를 하고 있는 아버지 친구분께 특별히 부탁해 방학 때 건설 현장 일용직, 즉 막노동을 뛰기로 했다. 중학교 1학년이었지만 내 키는 이미 180cm에 육박했고, 체격도 커서 어딜 가나 대학생 소리를 들었다. 아버지 친구분은 아마도 내가 며칠 못 하고 그만둘 거라고 생각하셨던 듯하다. 좋은 경험이라고 생각하고 너무 무리하지는 말라고 말씀하셨다. 언제든 힘들면 그만둬도 좋다고 덧붙이셨다.

처음 해 본 막노동은 쉽지 않았다. 하지만 나에게는 확실한 목표가 있었고, 그것이 나를 움직였다. 방문에 기타 사진을 붙여 놓으니 새벽에 저절로 눈이 떠졌던 것이다. 그렇게 한 달 내내 하루도 안 쉬고 막노동을 뛰었다. 나중에는 아저씨들이 어린 친구가 대견하다면서 좀 더 편한 일을 주셨다. 덕분에 쉬는 날 없이 일할 수 있었다. 당시 일당은 9만 원~11만 원. 아버지 친구분은 소개료도 받지 않아서 그 돈은 온전히 내 손에 들어왔다. 방학이 끝나자 통장에는 3백만 원 가까운 돈이 쌓여 있었다.

마침내 그토록 갖고 싶던 기타를 사고 기타 학원에 등록했다. 그리고는 유명무실했던 학교 밴드부를 다시 만들어 리더를 맡았다. 심지어 앰프와 스피커 같은 장비도 학교 예산이 아니라 직접 번 돈으로 구입했다. 더불어 막노동을 뛰는 동안 '돈의 맛'을 알게 되었다. 부모님께 손을 안 벌리고도 사고 싶은 걸 사고, 하고 싶은 일을 하는 건 뿌듯한 경험이었다.

학기 중에는 편의점 야간 알바를 했다. 손님이 많지 않은 시골 편의점이라 눈치껏 졸기도 했지만, 아무래도 학교 수업에 집중하긴 힘들었다. 대신 선생님들에게 잘 보이려고 나름 최선을 다했다. 가끔은 편의점 물건도 갖다드리고, 선도부 활동도 열심히 했다. 물론 가장 열심히 한 일은 밴드 활동이었지만 말이다.

이런 일상은 고등학교 때까지도 이어졌다. 덕분에 고등학교를 졸업할 무렵 통장에는 2천만 원 가까운 목돈이 있었다. 모두 막노동과 편의점 알바 등으로 모은 돈이었다. 이 정도면 대학 등록금으로도 충분하고, 간단한 장사를 할 밑천도 되었다. 나는 별 고민 없이 후자를 선택했다. 어릴 때부터 부모님이 장사하시는 모습을 보면서 자란 나에게는 자연스러운 선택이었다.

스무 살, 첫 보험 영업에 뛰어들다

　　처음 시작한 장사는 옷 가게였다. 음악 다음으로 좋아한 것이 옷이었기 때문이다. 음악은 평생 취미로 즐기기로 마음먹고, 장사 아이템으로는 옷을 골랐다. 중학교 때 어머니가 하시는 옷 장사를 곁에서 지켜본 것도 도움이 되었다. 통장을 헐어 보증금 500만 원에 월세 25만 원짜리 작은 가게를 얻고 장사를 시작했다. 어머니는 내 옷 가게 앞에 작은 백반집을 여셨다. 모자가 나란히 출근해 가게 문을 여는 생활이 시작되었다.

　　처음 시작한 장사는 썩 잘되지도, 그렇다고 아주 나쁘지도 않았다. 하지만 나름 열심히 하는데, 매출이 그만큼 늘지 않으니 재미가 없었다. 조금씩 지쳐갈 무렵, 어머니 식당에서 자주 뵀었던 친구 분에게 솔깃한 제안을 받았다. 자기가 일하는 보험사에서 요즘 직원을 많이 뽑고 있는데, 나라면 충분히 잘할 수 있을 것 같다는 이야기였다. 보험 영업을 하면 새벽 시장에서 물건을 떼고 밤늦게까지 장사하는 것보다 훨씬 더 편하게 돈을 벌 수 있다는 말씀도 덧붙였다. 더구나 아는 사람들만 보험에 가입시켜도 평생 수수료가 나와서 벌이가 충분하다는 것이었다.

　　지금 생각해 보면 말도 안 되는 소리였지만, 고등학교를 갓 졸업한 스무 살 청년에게는 그럴듯하게 들렸다. 지금보다 훨씬 적게 일해도 돈은 더 많이 벌 수 있다는 말에 혹했다. 지금처럼 열심히

나는 보험인이다

일하면 더욱더 많은 돈을 벌 수 있다는 뜻이 아닌가. 더구나 어머니 친구가 다니는 회사는 이름만 들어도 알 만큼 유명한 국내 보험사였다. 그런 회사에 입사 지원서를 냈는데, 바로 합격해서 교육받으러 오라니 신이 났다. 당장 가게를 접고 보험 회사로 출근하기 시작했다. 교육이 끝난 뒤에는 정말 열심히 보험을 팔러 다녔다. 남들이 하는 대로 일단 아는 사람들을 찾아다니면서 영업을 했다.

처음 한두 달은 제법 괜찮았다. 하지만 그게 다였다. 아는 사람한테 보험을 팔고 나니 더 이상 계약이 안 이루어졌다. 남들처럼 명함에 사탕도 돌리고 전단지도 뿌리며 열심히 발품을 팔았지만, 아무런 효과가 없었다. 회사에서 받은 교육도 영업에는 별 도움이 안 되었다. 회사 교육은 영업 노하우가 아니라 상품 설명이 대부분이었다. 몇 달을 더 버티다 결국 두 손을 들고 말았다. 남은 것은 '보험은 내 길이 아니다'는 교훈뿐. 그때부터 입대 전까지 아버지가 시작한 대리운전 사업을 열심히 도왔다. 낮에는 전단지를 뿌리고 밤에는 대리 기사로 뛰었다. 오히려 이 과정에서 보험사에 다닐 때는 배울 수 없었던 영업 노하우를 조금씩 쌓게 되었다. 그렇게 일이 점점 재미있어질 무렵, 머리를 깎고 신병 훈련소에 입소했다.

행운이 이어진 군 생활

군 생활은 행운의 연속이었다. 우선 신병 훈련을 마치고 배치받은 부대가 우리 집에서 차로 30분이면 닿을 만큼 가까웠다. 또한 부대장님의 총애(?)를 받아서 군 생활을 편하게 했을 뿐 아니라 남들보다 훨씬 자주 휴가를 받았다. 여기에도 운이 크게 작용했는데, 사연인즉 이렇다.

자대 배치를 받은 후 동기들과 함께 부대장님에게 전입 신고를 하러 부대장실로 갔다. 잔뜩 긴장해서 앉아 있는데, 부대장님 자리 뒤로 낯익은 LP 음반들이 눈에 들어왔다. 레드 제플린과 딥 퍼플, 핑크 플로이드 등등…. 중고등학교 때 밴드를 하면서 열심히 따라 연주하던 '록 음악의 전설들'이 벽면 하나를 가득 채우고 있었다. 그 판들을 뚫어져라 보고 있으니, 환영 말씀을 하시던 부대장님이 물어보셨다.

"뭘 그리 열심히 보나? 자네가 아는 음악이 있어?"

"예, 평소에 제가 좋아하는 밴드들이어서 반가운 마음에 봤습니다."

"그래? 여기 있는 음악들은 최소한 수십 년 전 것들인데…."

"중고등학교 때 밴드를 하면서 이런 음악을 열심히 따라 했습니다."

"악기는 뭘 맡았나?"

"네, 기타를 쳤습니다."

"오, 그래? 자네는 끝나고 좀 남게."

다른 동기들이 나간 뒤에 부대장님은 나를 이끌고 부대 안 교회로 향했다. 거기에는 전기 기타와 앰프가 있었다. 부대장님은 자신 있는 곡을 연주해 보라고 하셨고, 나는 평소 즐겨 치던 록의 명곡들을 메들리로 연주했다. 그러자 부대장님 얼굴에 함박웃음이 피어났다. 알고 보니 록 마니아였던 부대장님은 평소 전기 기타를 배우고 싶었지만, 시간을 내기가 어려워 늘 아쉬워하고 있었다. 그런데 기타를 수준급으로 치는 신병이 들어왔으니, 부대에서 틈틈이 기타를 배울 기회가 열린 것이다.

다음 날부터 매일 오후에 부대장실에서 기타 레슨을 하게 되었다. 동기들이 힘든 작업을 할 때도 나는 늘 열외였다. 나는 최선을 다해 레슨을 했고, 부대장님은 잦은 외박과 휴가로 보상해 주셨다. 나중에 계산해 보니 내가 받은 휴가만 118일이었다. 매달 일주일쯤 휴가를 받은 셈이다. 휴가를 받으면 바로 집으로 가서 아버지의 대리운전 사업을 도왔다. 당시 다리에 병이 생겨 걸어 다니기 힘들었던 아버지를 대신해 낮에는 전단지를 돌리고 밤에는 대리운전을 했다. 친구들과 한번 놀러 가는 일도 없이 휴가는 오롯이 아버지 사업을 돕는 데 썼다. 여전히 어려운 집안에 조금이라도 보탬이 되고 싶었다. 그것이 나에게 행운을 허락하신 하나님의 뜻이라고 생각했다.

스물셋, 두 번째 보험 영업 도전

그렇게 나름 편한 군 생활을 마치고 전역했다. 그 뒤에는 중학교 때 막노동을 같이 뛰었던 형님의 소개로 전기 설비 회사에서 일하게 되었다. 나는 주로 아파트 전선을 감싸는 트레일 설치 작업을 했다. 그리고 퇴근 후에는 아버지가 운영하는 업체에서 새벽까지 대리운전을 했다.

이른 아침부터 새벽까지 투잡을 뛰느라 피곤했지만, 적지 않은 돈을 벌 수 있었기에 힘든 줄도 몰랐다. 예전에 막노동을 뛸 때부터 체력 하나는 자신 있었다. 게다가 어릴 때부터 독실한 기독교 신자여서 술과 담배도 하지 않았다. 하지만 한 달, 두 달 시간이 가면서 '과연 이렇게 사는 것이 맞나?' 하는 의문이 들었다. 지금은 괜찮지만 30대, 40대에도 이런 생활을 계속할 수 있을지 걱정도 되었다.

하루는 친구랑 같이 점심을 먹는데 SNS 광고가 떴다. 보험 설계사를 모집한다는 광고였다. 평소 같으면 무시하고 넘어갔을 텐데, 그날따라 깔끔한 정장 차림의 모집인 사진이 눈길을 끌었다. 그러면서 나도 모르게 신세 한탄 같은 넋두리가 나왔다.

"아, 이런 옷을 입고 남들처럼 아침에 출근해서 저녁에 퇴근할 수 있었으면…"

며칠 전 저녁에 대리운전을 하러 나가면서 봤던, 아이를 데리고 집에 가는 40대 남성도 자꾸 떠올랐다. 유달리 아이를 좋아했기에 부녀의 모습이 그렇게 좋아 보일 수 없었다. '나는 저 나이에 퇴근하면서 아이를 데리고 갈 수 있을까? 이렇게 열심히만 살면 그런 날이 오는 걸까?' 며칠 동안 이런 생각이 머릿속을 떠나지 않던 차에 SNS 광고를 보게 된 것이다. 다시 그 부녀의 모습을 떠올리며 나도 모르게 광고를 클릭하고 연락처를 남겼다.

얼마 지나지 않아 모르는 전화번호로 연락이 왔다. SNS 광고를 낸 보험사 팀장이라는 분이었다. 너무 빨리 연락이 오니 오히려 거부감이 들었다. 마치 다단계 조직 같은 느낌이었다. 하지만 일단 한번 얼굴을 보자는 제안은 쉽게 받아들였다. 거부감은 여전했지만 만나서 이야기를 들어 보고 결정해도 늦지 않을 것 같았다. 그렇게 팀장님을 뵙고, 다음에는 지점장님을 뵈었다. 미팅 시간에는 보험 대신 사는 이야기를 주로 나누었다. 그분들은 어떻게 살아왔고, 지금은 어떻게 살아가고 있는지에 관한 이야기. 그리고 내 모습을 돌아보게 되었다.

헤어지기 전 지점장님이 마지막으로 남긴 말씀이 가슴에 와서 박혔다.

"종현 씨, 우리와 같이 일을 하든 하지 않든, 그건 크게 중요하지 않을 수도 있어요. 하지만 종현 씨 앞날을 위해서는 지금 속해 있는 조직의 리더를 보는 게 중요해요. 10년 혹은 20년 뒤에 종현 씨가 그 모습이 되었을 때 만족스러울지 판단해 보는 거죠. 만약 그렇지 않다면 새로운 조직으로 옮기는 것이 좋습니다."

다음 날 출근해서 우리 회사 팀장님을 유심히 보았다. 좋은 분이었지만 행복해 보이지 않았다. 회사 일이 힘들고 단조로웠기 때문이다. 10년 뒤 그 자리에 내가 있다고 생각하니 가슴이 답답해졌다. 그래서 결심했다. 다시 한번 보험 영업에 도전해 보기로. 첫 도전에 실패한 지 3년 만의 일이었다.

빠른 성공, 때 이른 위기

두 번째 도전이니 각오를 더욱 단단히 했다. 이번에도 실패하면 다른 어떤 일을 해도 성공할 수 있을 것 같지 않았다. 다행히 상황도 이전보다 좋았다. 무엇보다 교육 내용이 이전과 달랐다. 스무 살에 받은 첫 교육은 보험 상품 설명 위주였는데, 이번에는 보험이란 무엇인지에 관해 기초부터 철저히 가르쳤다. 보험의 기본을 다지니 오히려 상품에 대한 자신감이 생겼다. 이렇게 좋은 상품을 어서 빨리 더 많은 사람에게 알려야 한다는 사명감마저 들었다.

한 달간의 교육 기간도 남들과는 다르게 보냈다. 첫 2주 동안에는 교육에만 집중했고, 나머지 2주 동안에는 교육이 끝난 오후 5시부터 필드로 나가서 고객들을 만났다. 보통은 5시에 교육이 끝나면 배운 내용을 연습하면서 시간을 보내는데, 나는 첫 2주 동안만 그렇게 하고 나머지 기간은 고객들을 상대로 실전을 치른 것이다. 아무래도 두 번째 도전이라 가능한 일이기도 했지만, 아버지를 도와 대리운전 영업을 하면서 쌓은 노하우도 큰 도움이 되었다. 처음 보는 사람도 몇 마디 말만 나누면 지금 상태가 어떤지, 무엇을 원하는지 대충 파악할 수 있었다. 전혀 의도한 바는 아니지만, 군대에서까지 아버지의 대리운전 사업을 열심히 도운 것이 보험 영업의 큰 자산이 된 셈이다.

그렇게 밤 11시까지 고객들을 만난 뒤에는 친구와 함께 그날 있었던 만남을 복기하며 RP(Roll Play) 테스트를 했다. 그리고 다시 영상으로 찍어 팀장님에게 피드백을 받았다. 이렇게 일주일쯤 지나니 상담 실력이 쑥쑥 느는 게 느껴졌다. 교육 기간이 끝난 뒤에는 정말 필드를 펄펄 날아다녔다. 그 결과 영업 첫 달에 계약 건수로 전 사 1위를 차지하는 기염을 토했다. 그 뒤로도 14개월 동안 서울3사업단 내 건수 1위 자리를 놓치지 않았다. 스무 살 첫 보험 영업에서는 꿈도 꿀 수 없었던 MDRT를 4개월 만에 달성하고, 그해 11월에는 MDRT보다 3배나 많은 성과를 내야 하는 COT마저 이뤘다. 모두가 만 23살에 달성한 성과였다.

남들은 아직 취직도 못 할 나이에 이미 성공이라는 롤러코스터를 탄 기분이었다. 이제는 앞으로 질주하는 일만 남은 듯했다. '이대로 쭉 가기만 하면 된다. 창창하게 남은 시간은 내 편이다!' 하지만 그때는 몰랐다. 남들보다 빠른 성공 뒤에는 때 이른 위기가 올 수도 있다는 사실을. 롤러코스터처럼 빠른 속도로 높은 성공을 이룬 만큼, 뒤따르는 위기도 빠르고 낙폭이 컸다. 정신을 차릴 수 없을 만큼 말이다.

내가 'N잡러'로 사는 까닭

위기는 입사 1년 만에 찾아왔다. 앞서 말한 연도 시상 취소가 신호탄이었다. 이때부터 하나둘 보험을 해지하는 고객들이 생겨났다. 당시 내 주요 고객은 나와 같은 20대 청년들이었다. 친구와 선후배 그리고 그들에게 소개받은 이가 대부분이었다. 그때는 미처 몰랐다. 20대 고객의 보험 유지율이 원래 높지 않다는 사실을. 그래도 처음에는 견딜 만했다. 하지만 보험 유지율이 60%대까지 떨어지자 상황이 심각해졌다. 한 달에 1,500만 원을 넘나들던 수입이 300만 원대까지 떨어졌다. 여기저기 들어가는 고정 비용은 그대로였으니 가계부는 적자를 면치 못했다.

내가 힘들어하자 주변에는 이직을 권하는 사람들이 생겼다. 이렇게 된 것, 다른 보험사로 옮겨서 처음부터 다시 시작하란 충고였다. 이대로 버티면 결국 회사만 좋은 일 시켜 주는 거란 말도 덧붙였다. 계약이 해지되는 비율보다 수입이 줄어드는 비율이 훨씬 더 큰 것을 근거로 들었다. 물론 나도 이 점에서는 억울한 면이 있었다. 하지만 내가 유치한 고객을 생각하면 도저히 다른 곳으로 옮길 수 없었다. 차라리 회사가 망했다면 모를까, 내가 돈을 더 벌기 위해 기존 고객을 버리고 갈 수는 없었다. 나를 보고 계약서에 사인한 고객들을 '고아'로 만들 수는 없었다(실제로 계약을 유치한 보험설계사가 퇴사한 고객을 '고아 고객'이라고 부르기도 한다). 그분들은 회사가 아니라 나를 보고 계약서에 사인했으니까.

어떡하든 유지율을 끌어올리려고 노력하면서 버티기에 들어갔다. 고객 관리를 더욱 철저히 하고, 고객층도 다양화하려고 노력했다. 덕분에 유지율이 조금씩 올라가긴 했지만 생각보다 더뎠다. 가계부는 적자 행진이 계속되었다. 도저히 버틸 수가 없어서 고민 끝에 대리운전을 다시 시작했다. 낮에는 보험 영업을 하고, 저녁부터 새벽까지는 대리운전을 하면서 버텼다. 서너 시간 눈을 붙인 뒤에는 우유 배달과 전단지 알바도 했다. 투잡을 넘어 N잡 생활을 하게 된 것이다. 하지만 그 와중에도 새벽 기도회는 빠지지 않았다.

어릴 때부터 하나님을 믿고 의지해 온 터라, 힘든 시기가 되니 신앙이 더욱 절실해졌다.

이렇게 한 해, 두 해를 버티니 상황은 점차 좋아졌다. 그래도 여전히 자정 넘어서까지 남의 운전대를 잡고, 새벽에 일어나 우유 배달과 전단지 알바를 한다. 남들보다 두 시간 늦게 자고 두 시간 먼저 일어나는 생활을 하고 있는 것이다. 돈보다는 초심을 잃지 않기 위해서다. 때 이른 성공에 취해 자만하던 때로 돌아가지 않기 위해서다. 이것이 지금도 내가 보험과 대리운전, 우유 배달, 전단지 알바까지 N잡을 뛰고 있는 이유다.

청년들이여, 보험 영업에는 돈보다 귀한 밑천이 든다!

보험업계에서 성공과 위기라는 롤러코스터를 타고 있는 동안, 내 고향 아산과 인근 천안에는 보험 영업에 뛰어드는 청년이 크게 늘었다. 주변에서는 내가 열심히 올린 SNS도 영향을 미쳤을 거라고 한다. 그래서일까? 가끔 아산에서 활동하는 보험 영업 팀에서 나에게 강연 요청을 하러 분당 사무실까지 찾아오는 일도 있다. 강연 요청은 웬만하면 거절하지 않는다. 아니, 가능하면 반드시 찾아가서 강연한다. 같은 길을 선택한 청년들에게 꼭 해 주고 싶은 말이 있기 때문이다.

우선 보험 영업은 '누구나 시작할 수 있지만 아무나 잘할 수는 없는 일'이라는 점을 강조하고 싶다. 잘하려면 반드시 간절함이 있어야 한다. 예컨대 나는 한 달에 8백만 원을 못 벌면 적자를 면치 못한다. 물론 그 돈을 다 소비에 쓰지는 않는다. 부모님 용돈도 드리고, 대출금도 상환하고, 차량 기름값과 영업비로 주로 사용한다. 나를 위해 쓰는 돈은 거의 없다. 사실 돈을 쓸 시간도 없다. 아무튼 나는 한 달에 8백만 원이 반드시 필요하다. 보험 영업이 아니라면 투잡, 쓰리잡을 뛰어서라도 그 돈을 벌어야 한다. 이런 간절함이 나를 움직이게 한다. 보험 영업은 결코 쉬운 일이 아니다. 지치고 힘들 때마다 나의 간절함을 되새긴다. 그래서 보험 영업에 뛰어드는 청년에게 묻는다. 당신은 어떤 간절함을 가지고 있느냐고. 막연히 돈을 벌어 성공하고 싶은 마음은 쉽게 식는 열정과 같다. 진짜 성공하기 위해서는 자신만의 간절함을 가지고 뛰어들어야 한다.

이렇게 이야기하면 "일단 몇 달 열심히 해 보고 포기해도 되지 않을까요? 보험 영업에 밑천이 드는 것도 아니니까요."라는 대답이 돌아올 때도 있다. 미안하지만 틀린 말이다. 보험 영업에는 돈보다 훨씬 더 귀한 밑천이 든다. 바로 인간관계, 달리 말하면 인적 네트워크다. 보험 일을 처음 하는 사람은 대부분 지인 영업부터 시작하게 마련이다. 영업 노하우가 부족한 청년들은 더 그렇다. 이 과정에서 그동안 쌓은 인적 네트워크를 소비하게 된다. 이건 돈으로도 메꿀 수 없다. 만약 보험 영업을 지속한다면 인적 네트워크는 소비에서 관리로 그리고 재생산으로 발전할 수 있다. 하지만 일이 년 만에 그만둔다면 회복할 수 없는 손실을 입게 된다.

만약 여러분이 지인에게 한 달에 20만 원짜리 보험을 팔았다면 10년에 2,400만 원짜리 상품을 판 셈이다. 마치 자동차를 10년 할부로 팔면서 10년 동안 애프터서비스를 약속한 것과 같다. 그 기간 안에 일을 그만두거나 회사를 옮긴다면 고객과의 약속을 어기는 것이다. 결국 돈보다 중요한 인적 네트워크를 잃게 된다. 그러니 보험 영업을 시작하기 전에 심사숙고해야 한다. 사회 경험이 부족한 청년이라면 더욱 그렇다. 가뜩이나 얼마 안 되는 인적 네트워크를 소진한다면 다시 회복하기 어렵기 때문이다.

모내기라도 좋다, 계약만 할 수 있다면!

물론 보험 영업에 어려움만 있는 건 아니다. 어려움을 상쇄하고도 남을 만큼 큰 보람도 있다. 어려움도 고객에게서 비롯되고 보람 또한 고객에게서 얻는다. 나도 그랬다. 처음부터 쉬운 미팅, 쉬운 계약은 단 한 건도 없었다. 이야기를 꺼내기도 전에 이미 보험이 많다며 손사래를 치는 분, 가족이 보험 설계사라며 거절하는 분, 보험은 사기라며 호통을 치는 분 등은 아주 흔한 유형이다. 거기에다가 어린 나이에 무얼 알겠냐는 의심의 눈초리까지 더해지면 정말 곤혹스럽다. 하지만 이런저런 어려움을 뚫고 계약을 하고, 그 뒤로 만족스러운 관리가 더해져 지인 소개까지 이어지면 보람이 배가된다.

보험 영업 초창기의 일이다. 1년 동안 공들인 군대 동기에게 결국 본인 어머니를 소개받았다. 고향 마을에서 농사짓는 분이셨다. 마침 어머니도 새 보험이 필요한 상황에서 몇 번의 미팅이 잘되어 계약을 하기로 했다. 알려 주신 주소로 계약서와 도장을 들고 찾아갔는데, 허허벌판에 가건물 하나가 덩그러니 있는 게 아닌가? 동네 분들과 함께 계시던 친구 어머니는 어리둥절해하는 나를 보고 자연스럽게 말씀하셨다.

"어, 아들 왔어? 어서 들어가서 작업복으로 갈아입고 나와."

일단 말씀대로 옷을 갈아입고 나오니, 모내기 작업에 투입되었다. 점심에 참까지 먹고 오후 늦게 작업을 마칠 무렵에는 허리가 안 펴지고 다리가 후들거릴 정도였다. 마침내 계약을 하려는데, 볼펜을 쥔 손이 떨려서 제대로 사인할 수가 없었다. 이런 나를 보고 웃으시며 어머니가 말씀하셨다.

"아들, 오늘 고생했어. 대신 여기 아줌마도 나랑 같은 암보험으로 하나 계약하기로 했으니 괜찮지? 하하."

"어휴, 어머니, 괜찮고말고요. 그런 일이라면 언제든지 부르세요. 하루 종일 열심히 일하겠습니다!"라는 소리가 절로 나왔다.

'진상 대리 고객'에서 '고액 보험 고객'으로

한번은 이런 일도 있었다. 고급 외제 차 대리운전을 하게 되었는데, 술에 취한 손님이 중간에 차가 조금 흔들리자 다짜고짜 욕설을 퍼부었다. "이게 얼마짜리 차인데 운전을 이따위로 하나!"라면서. 대리운전 초창기엔 이런 말을 들으면 욱하고 성질이 났지만, 이제는 '이분도 먹고사느라 얼마나 스트레스를 받았으면 이럴까? 내일은 기억도 못 할 텐데' 하는 생각이 들어 화도 안 난다. 이날도 적당히 응대하며 잘 모셔다드렸다.

그리고 이튿날, 고객에게 전화를 걸어 잘 들어가셨냐고 물었다. 대리운전 손님에게 다음 날 오전 느지막이 안부 전화를 드리는 건 내 오랜 대리운전 영업 노하우다. 그러면 다음에도 우리 대리 회사를 이용할 확률이 높아지기 때문이다. 안부 전화를 받은 손님은 뭔가 미안한 느낌이 묻어나는 음성으로 "잘 들어왔는데 전혀 기억이 안 나요. 혹시 내가 실수한 건 없었나요?"라고 되물었다. 아무래도 이런 일이 처음이 아닌 듯싶었다. 하지만 난 "그런 것 없습니다."라고 말하며 넘어갔다.

그리고 몇 주 뒤에 다시 그 손님 차를 운전하게 되었다. 다시 불러 주신 것까지는 좋았는데, 이번에도 술에 취한 손님은 중간에 욕설을 퍼부었다. 더 이상은 안 되겠다 싶어 욕설을 녹음해 두었다. 다음 날 안부 전화를 드리자 역시 "혹시 어젯밤에 내가 실수한 것

없나요?"라는 물음이 돌아왔다. 나는 "별일은 아니지만 작은 해프닝이 있었습니다. 지금 보내는 음성 파일 한번 들어 보세요."라면서 욕설 파일을 보냈다. 그걸 들은 손님은 미안해서 어쩔 줄 몰라했다. 난 "제가 뭐라 그러고 싶어서가 아니라, 다음에는 이런 실수하지 마시라는 의미에서 보내 드린 거예요. 다음에 혹시 또 대리운전 필요하시면 불러 주세요."라고 했다. 그랬더니 자기 사무실 주소를 알려 주며 꼭 찾아오라는 것이 아닌가.

이런 기회를 놓칠 수 없기에 당연히 찾아갔다. 낮에는 무슨 일을 하느냐는 물음에 보험 영업을 한다고 말씀드렸다. 그랬더니 열심히 사는 모습이 보기 좋다면서 상속을 위한 보험을 하나 들겠다고 하셨다. 사업하는 분이라 액수도 제법 컸다. 대리운전 손님이 보험 고객으로 확장되는 순간이었다. 지금도 이 고객님은 대리운전이 필요하면 나한테 먼저 연락을 주신다.

고객은 나의 힘, 동료도 나의 힘

귀한 인연으로 만난 고객도 힘이 되지만, 지금도 주변을 든든히 지켜 주는 동료들 또한 내 힘의 원천이다. 언제나 팀의 막내였던 나를 물심양면으로 도와주고 챙겨 준 선배와 팀장님, 지점장님이 그렇다. 이분들이 아니었다면 때 이른 성공 뒤에 닥친 위기를 이겨 낼 수 없었을 것이다. 특히 나보다 한 달 늦게 입사한 남택함 형님과는 일 년 365일 중 300일 이상을 붙어 다니면서 함께 일했다. 새벽에 같이 사무실 문을 여는 것부터 시작해서, 따로 다니면서도 하루에 20~30통씩 전화하며 서로를 격려하고 챙겼다.

둘이서 힘을 합쳐 기획한 고객 이벤트도 많다. 그중 가장 기억에 남는 것은 웨딩 박람회에서 형님과 2인 1조로 영업을 한 일이다. 박람회에서 만난 예비 부부들과 계약을 맺은 다음에 우리만의 '애프터서비스'로 결혼식 축가를 불러 드리겠다고 제안했다. 나야 어려서부터 밴드를 했으니 기타 연주에는 자신이 있었고, 택함 형님은 노래를 잘 불러서 우린 나름 '환상의 커플'이 될 수 있었다.

축가를 부르기 전에 우리를 '신혼부부의 보험 및 재무 설계사'라고 소개하면 작은 웅성거림이 나온다. 다른 결혼식에서는 보기 힘든 광경이기 때문이리라. 이색적인 소개로 관심을 끈 후에 멋진 노래와 연주를 선보이면 양가 부모님과 하객들까지 뜨거운 반응을 보이게 마련이다. 그러면 신혼부부의 신뢰도 높아지고, 가족과 친지를 소개받는 일도 생겼다.

지금은 택함 형님뿐 아니라 마음 맞는 동료분들과 함께 '터닝 포인트(TP)'라는 스터디 그룹을 만들어서 공부하고 있다. 월요일마다 모여서 케이스 위주로 보험 스터디를 한다. 또한 상담 공유도 같이, 회식도 같이, 여행도 같이 하면서 서로에게 활력이 되고 있다. 이분들 덕분에 매일 사무실에 나가는 것이 즐겁다. 이제는 결과만이 아니라 만들어 가는 과정도 함께 즐기려고 한다.

자영업자 공략, 나만의 영업 노하우

동료들과 스터디한 내용을 실제 영업 현장에 적용하는 과정에서 내 영업 방식도 많이 바뀌게 되었다. 가장 큰 변화는 고객 구성이다. 초창기에는 나와 비슷한 처지의 청년층이 대부분이었는데, 지금은 자영업자의 비율이 가장 높다. 이는 청년층의 낮은 보험 유지율 때문에 겪었던 어려움을 벗어나려는 노력의 결과이기도 하다. 그러면서 자영업자 고객들에게 자연스럽게 접근하는 나만의 영업 노하우도 생겼다.

먼저 기억해야 할 점은 자영업자는 늘 자기 업소를 지키고 있다는 사실이다. 그러니 자영업자 고객과는 약속을 따로 잡을 필요가 없다. 내가 편한 시간에 매장을 방문하면 언제나 반갑게 맞아 주신다. 물론 처음엔 보험 설계사가 아니라 고객으로 찾아가야 한다. 식당이면 식사를 하고, 미용실이면 머리를 깎고, 슈퍼마켓이라면 물건을 사면 된다. 이때 중요한 점은 고객에게 관심을 가져 달라고 부탁하는 것이 아니라 고객이 먼저 나에게 관심을 갖도록 만드는 것이다.

예를 들어 화장품 가게에 몇 번 가서 어느 정도 안면이 익었다 싶으면, 립글로스 같은 제품을 10개쯤 사면서 포장을 부탁한다. 사장님이 포장하면 나는 옆에서 선물에 내 명함을 붙인다. 그러면 보통 "이걸로 뭘 하시려는 거예요?"라는 물음이 자연스럽게 나온다.

이때 "제가 보험 영업을 하는데, 고객님들께 드릴 선물입니다."라고 말씀드린다. 이러면 사장님 뇌리에 '나 = 보험 설계사'라는 인식이 자리 잡게 된다. 그것도 큰 부담 없이 말이다.

이렇게 나와 보험에 대한 인식을 심어 드린 뒤에는 가끔 방문하거나 전화를 걸어 안부를 묻는다. 굳이 보험 이야기를 꺼낼 필요도 없다. 꾸준히 관계를 유지하다 보면 예비 고객에게 한 번쯤 보험에 관한 궁금증이나 니즈가 생기게 마련이다. 그때를 놓치지 않고 다가가면 계약까지 연결할 수 있다.

일주일에 고객 안부 전화만 3천 통!

물론 손님으로 다가가 계약에 이르는 일이 쉽지는 않다. 이 과정을 원활하게 하려면 또 하나의 작업(?)이 필요하다. 바로 '잦은' 안부 전화다. 내 핸드폰에는 고객 및 예비 고객 명단이 1천여 명쯤 있다. 이분들 모두에게 일주일에 대략 3번쯤 안부 전화를 드린다. 안부 전화를 한 통 거는 데 보통 10초면 충분하기에 가능한 일이다.

통화하면서 내가 드리는 말씀은 딱 세 마디다. "잘 지내시죠?" "식사는 하셨어요?" "별일 없으시죠?" 그럼 답변은 "네, 잘 지내요." "네, 먹었습니다. / 아직이요, 좀 있다 해야죠." "네, 별고 없어요."로 이어진다. 여기까지 걸리는 시간은 대략 10초 안팎. 그런데 아주 가끔 "별일 없으시죠?"라는 질문에 다른 대답이 나올 때가 있다. 예를 들면 이런 식이다.

"아, 맞다. 종현 씨 보험 한다고 했지? 혹시 근처에 올 일 있으면 한번 들러요."

이런 대답이 아니어도 상관없다. "네, 별고 없어요."라는 대답만 아니라면, 그러니까 뭔가 이야기할 것이 있다는 낌새만 보이면 난 무조건 "잠시만요."라고 말하고는 전화를 일방적으로 끊어 버린다. 그리고는 사장님이 기다리는(?) 사업장으로 달려간다. 그렇게 사장님을 만나게 되면 "제가 달려왔습니다!"라는 말 대신 이런 멘트를 날린다.

"사장님, 아까 저한테 뭔가 말씀하려고 하셨죠? 제가 아까는 통화하다 급한 일이 생겨서 다시 전화드린다는 걸 깜박했네요. 마침 상담하러 근처에 왔다가 생각난 김에 찾아뵜습니다. 무슨 일이시죠?"

이러면 자연스럽게 업소 테이블은 상담 테이블이 된다. 사장님 본인이 보험에 대한 니즈가 생겼을 수도 있고, 소개해 줄 사람이 생겼을 수도 있다. 당장 계약이나 소개까지는 아니더라도 최소한 보험에 관련된 문의 사항은 있게 마련이다. 사장님은 내가 뭐 하는 사람인지 알고 있으니까. 나에게 뭔가 물어볼 것이 생겼다면 백에 아흔아홉은 보험에 관한 일이다.

그저 안부 전화로 끝난 통화도 나름대로 의미가 있다. 고객과 예비 고객의 안부를 챙기고 나라는 존재를 상기시켰으니 말이다. 지금은 단순한 안부 전화지만, 언젠가는 계약이 될 날이 있을 것이다. 실제로 내가 관리하는 자영업자 고객 중에는 이런 식으로 내 고객이 되거나 소개받은 분이 상당수다.

돈을 넘어 내가 꿈꾸는 것

지금도 위기에서 완전히 빠져나온 것은 아니지만, 보험 영업을 통해 내가 이룬 것도 많다. 그중에 가장 감사한 건 우리 집을 다시 사서 할머니를 모신 일이다. 중학교 1학년 때 집을 팔고 가건물 사글세로 옮긴 후로 우리 집은 계속 월세와 전세를 전전해야 했다. 그러다 내가 보험 영업을 하면서 성과를 올리고, 부모님과 여동생도 힘을 보태 아파트를 마련했다. 드디어 아파트에 입주하는 날, 할머니는 새집으로 이사하는 아이처럼 기뻐하셨다. 요즘도 할머니는 든든한 손주들 덕에 다시 집을 사게 되었다며 뿌듯해하신다. 이 또한 내가 보험 영업을 하지 않았다면 훨씬 늦어졌을 것이다. 할머니가 아직 정정하실 때 집을 다시 사게 되어 기쁘다.

보험 영업을 다시 시작하고, 빠른 성공과 때 이른 위기를 겪으면서 돈에 대한 생각도 달라졌다. 그전까지 돈은 어떡하든 벌어야 할 것이었는데, 이제는 쫓아갈수록 멀어지는 것이라고 생각한다.

　　너무도 당연한 말이지만, 돈이 아니라 사람을 귀하게 여기고 지켜야 한다. 그래야 돈도 따라온다. 사람을 버리고 돈을 쫓는다면 당장은 내 돈이 된 듯 보여도, 결국은 돈이 나를 배신하게 되어 있다. 지난 몇 년 동안 성공과 위기라는 롤러코스터를 타면서도 사람을 지키려고 애썼다. 이제는 그분들이 나를 지키고 있다. 물론 돈은 중요하다. 하지만 사람이 더욱 소중하다. 이것이 내가 보험 영업을 하면서, 하루도 빠짐없이 새벽 기도를 하면서 얻은 결론이다.

　　이렇게 소중한 인연을 맺은 사람들과 함께 해 보고 싶은 일이 있다. 앞으로 더욱 심각해질 고령화 사회를 대비한 어르신을 위한 봉사와 비즈니스다. 고령화의 심각성은 새벽에 우유 배달과 전단지 알바를 하면서 피부로 느꼈다. 같이 새벽 알바를 하는 분들 대부분이 60~70대였다. 이분들이 좀 더 편한 생활을 할 수 있도록 봉사 활동을 계획하고 있다.

더불어 앞으로 더욱 늘어날 고령층을 위한 비즈니스도 준비 중이다. 이를 위해 실버 케어 지도사, 노인 심리 상담 전문가 등 다양한 자격증을 땄다. 그리고 학점 은행제를 통해 노인 관련 학사 학위를 받은 후 석사까지 도전하려고 한다. 물론 모든 일의 베이스는 보험이 될 것이다. 어르신을 위한 봉사와 비즈니스를 통해 사회에 기여하는 것. 이것이 바로 내가 돈을 넘어 꾸고 있는 꿈이다.

Profile

이종현
FSR

Dream

고령화 사회,
어르신을 위한 봉사와 비즈니스

보험을 베이스로 고령층을 토털 케어하는 서비스를 계획 중이다. 아직 그림을 그리는 단계지만, 이미 실버 케어 지도사, 노인 심리 상담 전문가 등의 자격증을 땄다. 노인 관련 학사와 석사 학위도 받아 전문성까지 갖출 계획이다.

Slogan

세상을 바꾸는 일!
펜으로 사람을 살리는 남자!

의사는 칼로 소방관은 소화기로 사람을 살리듯, 보험 설계사는 펜으로 사람을 살린다. 계약할 때 고객님께 건네드리는 펜이 훗날 고객님을 살리는 사인을 하게 되니 말이다.

Work

평일에는 4시 30분에 기상해 월·수·금은 6시 30분까지 우유 배달을 하고, 화·목은 전단지 알바를 한다. 7시 30분에 출근해 상담 준비와 팀 미팅 등의 업무를 처리하고, 점심 이후부터 6시 30분까지 고객 상담을 진행한다. 퇴근 후 새벽 1시까지 대리운전을 하고 귀가한다. 주말에는 새벽 알바 대신 부족한 잠을 보충하고, 운동을 하고, 교회에 간다. 주말에도 저녁에는 대리운전을 한다.

Know-how

자영업자 공략 및 주 3회 안부 전화 걸기. 자영업자를 고객으로 만들기 위해 물건 구입 등을 통해 자연스럽게 내가 하는 일을 알린다. 이후 고객의 보험 니즈가 올라왔을 때 계약으로 연결한다. 이를 위해 1천여 명의 고객 및 예비 고객에게 일주일마다 3회씩 안부 전화를 건다. 통화 중 고객에게 문의나 요청이 생기면 상담으로 연결한다.

Career

MDRT 2회, COT 1회 달성
입사 첫 달에 전 사 계약 건수 1위 기록
서울3사업단 14개월 연속 건수 챔피언

나는 보험인이다

1995	충남 아산 출생. 장사하는 집안의 장남으로 태어남
2002	초등학교 입학. 부모님 장사가 잘되어 원하는 건 뭐든 사 주심
2007	호주로 조기 유학
2008	집안 형편이 어려워져 귀국. 전기 기타를 사기 위해 막노동 알바. 기타 구입 후 밴드부 결성
2011	고등학교 입학. 밴드부와 알바 지속. 졸업 무렵, 통장에 2천만 원 가까이 저축
2014	모아 둔 돈으로 옷 가게를 열었다가, 엄마 친구의 권유로 보험 영업으로 전직. 두 달 만에 두 손 들고 입대
2015	군대에서 부대장님 기타 레슨. 덕분에 많은 휴가를 받아 부모님의 대리운전 사업을 도움
2016	군 제대 후 전기 설비 업체에 다니면서 새벽까지 대리운전을 함
2018	메트라이프 입사. 전 사 건수 1위, MDRT를 거쳐 대한민국 최연소 COT 달성. 사내 연도 시상식(MPC) 골드로 선정되었으나, 회사 규정 위반으로 취소
2019	MDRT 달성. 부모님의 사업 부진으로 팔았던 집을 다시 구입. 할머니가 정말 기뻐하심
2020	MDRT 달성. 하지만 코로나19 영향으로 유지율이 떨어지면서 또 한 번의 위기를 겪음. 부족한 생활비 보충을 위해 출근 전과 퇴근 후에 알바 시작
2022	새벽 우유 배달 및 전단지 알바, 보험 영업, 밤까지 대리운전 등 N잡러로 생활 중

MEMO